U0452400

积极养育

被肯定的孩子更优秀

[韩] 丁玧琼　金允贞 ◎ 著
叶蕾蕾 ◎ 译

自信力　自控力　内驱力　挑战力　创造力　专注力

国文出版社
· 北京 ·

图书在版编目（CIP）数据

积极养育：被肯定的孩子更优秀／（韩）丁玧琼（韩）金允贞著；叶蕾蕾译. -- 北京：国文出版社，2024. -- ISBN 978-7-5125-1682-3

Ⅰ．G78

中国国家版本馆 CIP 数据核字第 2024U85U14 号

北京市版权局著作权合同登记 图字 01-2024-4183 号

진짜 칭찬 아이의 인생을 좌우하는 칭찬의 기술
Copyright © 2023, ICTcompany, Inc.
All Rights Reserved.
Simplified Chinese rights arranged through CA-LINK International LLC (www.ca-link.cn).

积极养育：被肯定的孩子更优秀

作　　者	［韩］丁玧琼　金允贞
译　　者	叶蕾蕾
责任编辑	戴　婕
责任校对	太井玉
特约编辑	李艳玲　范朝颖
封面设计	新艺书文化
出版发行	国文出版社
经　　销	全国新华书店
印　　刷	北京晨旭印刷厂
开　　本	880 毫米 ×1230 毫米　　32 开 7 印张　　　　　　　　　132 千字
版　　次	2024 年 10 月第 1 版 2024 年 10 月第 1 次印刷
书　　号	ISBN 978-7-5125-1682-3
定　　价	58.00 元

国文出版社
北京市朝阳区东土城路乙 9 号　　邮编：100013
总编室：（010）64270995　　　　传真：（010）64270995
销售热线：（010）64271187
传　真：（010）64271187-800
E-mail：icpc@95777.sina.net

CONTENTS **目　录**

引言　对孩子的肯定和认可，是最好的爱 _1

第 1 章
为什么孩子需要肯定

肯定是激发动机的语言奖励 _003

肯定可以提高自我效能感 _006

肯定能提升自我引导能力 _012

肯定可以激发成就动机 _015

肯定能培养自控力 _022

肯定能提高学习能力 _026

肯定能改善人际关系 _028

肯定本身就具有意义 _031

第 2 章
不当肯定是毒药

不当肯定有反效果 _037

披着高期待外衣的激励就是无形的鞭子 _040

夸天赋而非努力,难怪孩子惧怕挑战 _046

外在奖励会抹杀内在动机 _052

肯定也会让人"中毒" _059

别让肯定失真 _067

第 3 章
肯定的三大关键

比起空泛的肯定,具体的肯定更有效 _073

学会夸过程,而不是结果 _086

肯定那些可控的努力 _091

第 4 章
肯定的六项技巧

谁都不喜欢你的机械敷衍 _099

万万不可伤害内在动机 _104

避免比较,比较是偷走快乐的贼 _111

除了成绩,还有很多闪光点 _114

即使不理想,仍有可赞之处 _118

及时肯定,胜过千年难遇的一次盛赞 _123

第 5 章
不同成长阶段,肯定策略有不同

婴儿期(0~18 个月)的肯定法 _129

蹒跚学步期(18~36 个月)的肯定法 _135

幼儿期(3~6 岁)的肯定法 _141

学龄期(6~12 岁)的肯定法 _149

青春期的肯定法 _152

第 6 章
巧解肯定式养育的难题

孩子每件事都表现出色,可他对周围的人也有高要求,如何引导呢 _161

孩子爱"帮倒忙",该如何妥善处理 _164

孩子的好胜心太强,肯定是否会对他的成长不利 _167

有"乖孩子综合征"的孩子，是否还要继续肯定 _169

孩子嫉妒心强，一旦没有得到最高肯定便会情绪失控，如何是好 _172

面对爱撒娇的孩子，如何在批评与肯定间寻求平衡 _175

老大总是偷偷欺负老二，在我面前会装作对弟弟好，怎么办 _178

孩子不爱学习，行为散漫，毫无可肯定之处 _180

孩子的可爱让我忍不住频频夸赞，是否属于溺爱 _183

孩子反复展示同一成果，我很难持续赞美 _186

过程很糟糕，结果却很优秀，该如何肯定 _189

孩子什么都不做，没有过程，该怎么办呢 _191

孩子对美术活动完全没兴趣，该怎么鼓励呢 _193

孩子稍有不顺就易怒，我该怎么做 _195

不管如何肯定，孩子都没有进步，我该怎么做呢 _197

孩子特别容易害羞，父母如何做比较好 _200

孩子注意力易分散、行为夸张，父母该怎么应对 _202

孩子性格固执，父母应该如何引导 _204

有益的肯定 vs 有害的肯定 _206

PREFACE 引　言

对孩子的肯定和认可，是最好的爱

曾经有人做过这样一个实验。实验者让父母看着自己的孩子画画或跳绳，然后自由地肯定孩子。看完这个实验，我才知道很多父母有多么难以开口肯定自己的孩子，以及多么不懂得应该如何肯定孩子。大部分父母只会说："做得好！""我儿子最厉害！""哇，真棒！"但是，这只是一种笼统的表扬，对于"哪里做得好""为什么做得好"，父母们没有提供任何有用的信息。

遗憾之余，实验者继续追问父母们："还有没有别的话要说呢？"

一位妈妈想了半天，突然一下子抱住自己的孩子，然后说了句："女儿，我爱你！"如此，总算狼狈完成了任务。

肯定的力量是无穷的，为什么我们总是吝啬于肯定，也不懂

1

得应该如何肯定呢？

这很有可能是因为，我们自己在成长过程中几乎没有得到过父母的肯定。我们的文化将自谦、不给他人添麻烦视为美德，受此影响，大多数人不习惯当着他人的面肯定自己的孩子，或列举自己孩子的优点。他们认为这样做会使别人感到不舒服，或导致他人产生自卑情绪。

另外，一些研究人员还曾证实，肯定也会带来副作用，尤其是不恰当的肯定，反而会给孩子的心灵健康带来坏处。

在本书中，我们会谈到这个问题。的确，有些父母经常肯定孩子，结果不但没有起到好的作用，反而给孩子带来很多不安和负担。有的孩子被过度夸赞，最后不惜通过作弊来证明自己的优秀；还有的孩子一直被夸聪明，结果变得越来越怠于思考。如果肯定的同时给予孩子奖励，一些孩子会为了得到奖励而重复无意义的行为，一旦没有了奖励，他们连装样子都嫌麻烦。这是因为，以上这些肯定传达的都不是喜悦和热情，而是一种被评价的压迫感。

作为进行相关领域研究和授课的专家，我们一直在思考，如何才能让父母既不感到有负担，又懂得什么是真正的肯定。很多父母本来就很吝啬于肯定自己的孩子，如果他们变得更不愿开口，怎么办？这也是我们最为担心的。

事实上，肯定真的很神奇。

肯定是父母向孩子传达关心和认可、增进亲子关系、培养孩子自信心和主导性、提高孩子学习能力的最佳工具。肯定能使人明白自己所做的事情的价值，同时给人以奋进的力量，赋予人挑战新事物的热情。没有什么比肯定更能让孩子成长，也没有什么比肯定更能让孩子感到幸福。孩子需要成长至一定的年龄，才能懂得主动迎难而上，坚持不懈，并从中获得成就感，为此欢欣鼓舞。在此之前，他们需要得到父母的肯定。

　　只是，如果肯定的方式不当，可能还不如不肯定。因此，希望所有父母都能学会更加智慧和有效的肯定方法。

　　在这本书中，我们不想过多地探讨肯定的反作用，而是想和父母们一起思考，为什么会出现这种反作用，以及孩子们在一天天长大，我们应该如何通过肯定，让孩子们的内心变得更加成熟和丰盈。同时，书中还提供了关于父母心态调整的建议，以及丰富的肯定实例，并根据儿童的不同发展阶段的特质，介绍了不同的肯定方法。衷心地希望所有读过本书的人都能学会正确肯定自己的孩子，你的肯定是送给孩子最好的礼物，它可以改变孩子的未来！

丁玧琼、金允贞

>>> 第 1 章
# 为什么孩子需要肯定

肯定不仅使人心情愉悦,
还能让人感到自豪和幸福。

当肯定的对象是我们的孩子时,
这种正面影响更具有无可替代的重要意义。
因为父母的肯定不仅能为孩子提供情感支持,
更能赋予他们克服困难和迎接挑战所需的力量与勇气。

肯定是激发动机的语言奖励

有一位名叫考西尼的心理医生,他在某监狱负责临床心理学工作。

一天,一名囚犯找到他,告诉他自己将在几天后获得假释,而这一切都要感谢考西尼医生。原来,大约两年前,这名囚犯接受了考西尼的心理评估和咨询,是考西尼肯定的话语使他下定决心洗心革面,最终成为囚犯里的模范代表。

考西尼有点蒙,他已经不太记得这名囚犯了,可对方说因为他获得了假释,他很想知道自己当时到底说过什么。

囚犯回答说:"你问我,我的智商这么高,为什么要干偷鸡摸狗的勾当呢?"

囚犯还说,他从小就被人说成是傻瓜,因此一直怀疑自己,觉得"傻瓜学习有什么用",后来他干脆就从学校退学了。为了谋生,他尝试过多种工作,阴差阳错走上了偷窃的道路。身陷囹圄的时候，考西尼说了一句"你的智商这么高"，这种肯定犹如一缕光芒，照亮了他的内心。他想，只要自己努力，也可以成为有价值的人。为了给未来铺平道路，他开始在监狱里学习文化知识和技能，最终等来了假释的这一天。

这个故事生动地向我们展示了肯定的力量。

肯定拥有令人惊叹的力量

我们常说，要"公开赞美，私下批评"。肯定，的确能够让受到肯定的人感到快乐、自豪和幸福。如果被肯定的对象是我们的孩子，其重要性就更加不言而喻了。父母的肯定能够赋予孩子力量，激发他们去克服生活中的各种困难。

然而，并非所有的肯定都会对每个孩子产生相同的效果。肯定的内容、程度、氛围不同，其效果也会有所差异。有的肯定可能赋予孩子微小的力量和勇气，有的肯定却可以赋予孩子充分的力量和勇气，还有一些肯定可能带来无限的力量和勇气。

肯定，拥有令人惊叹的力量，仅仅说"肯定很有用"远远不能揭示其神奇之处。这表明，肯定的奇妙效应并不仅限于人类适用，还适用于自然中的万物。

激发动机的语言奖励——肯定

如果用一句话来定义"肯定",那就是"肯定是一种激发动机的语言奖励"。因此,肯定不仅可以作为激励值得鼓励的行为的手段,同时也可以成为反馈某种行为是否值得提倡的方式。

肯定既可以激发孩子做出某种行为,也可以作为反馈,告诉孩子什么行为是可取的,什么行为是不可取的。从小听着称赞长大的孩子与从未获得任何夸奖的孩子,两者在许多方面都会表现出显著的差异。

那么,肯定到底会对孩子产生何种影响呢?

肯定可以提高自我效能感

激发孩子的积极性，培养自信心至关重要。真实的肯定，是最高的美德。我们知道，送给孩子最好的礼物就是自信。肯定和自信，两者是有正关联的。

近年来，很多人开始关注一个概念——自我效能感。什么是自我效能感？它和自信心有何不同？

乍看之下，自信心和自我效能感很相似，实际上两者存在微妙的区别。如果说自信心是"人对自己整体状况的一种正面肯定"，那么自我效能感就包括"在某一领域对自己的高度评价"和"坚信自己可以做到的强烈意志"。例如，像"我很擅长游泳"或"再难的数学题我也能解出来"这一类的，在某些具体的领域对自己的能力十分自信，这一心理特性就叫作自我效能感。

对孩子而言，明确而具体的自我效能感比模糊的自信心更重要。比如，比起"我各方面都很优秀""我会成功的""这次也会做得很好"这种盲目的自信，他们更需要知道自己能在哪些方面做得出色，以及为何能够成功。拥有高自我效能感的孩子，即便面对乏味的难题也会毫不犹豫地尝试，并最终获得肯定。即使失败，他们也不会轻易气馁，反而会全力以赴迎接下一个挑战。

孩子的自我效能感高还是低

自我效能感高的孩子遇到难题时，内心相信自己一定可以战胜挑战，心态非常积极，因此会灵活运用自己掌握的知识，发挥创造性思维。在此过程中他们能够甩掉包袱，轻装上阵，某种程度上能化解压力，从而最大限度地发挥自己的潜能。

相反，自我效能感较低的孩子常常对自身的能力和潜力持怀疑态度，因此很难进行创造性的尝试。一旦失败，他们很可能落入绝望的深渊。更有甚者会觉得自己一无是处，从而产生深深的无力感。

那些完全没有自我效能感的孩子，容易陷入怎样的境况？

美国心理学家马丁·塞利格曼（Martin E. P. Seligman）以狗为对象做过这样一组实验。塞利格曼把 24 只健康的狗分成三组，关在四面封闭的笼子里。第一组的狗只要按下箱子里的按钮就可以停止电击，第二组的狗则无论如何都会持续受到电击，第三组的狗不会受到任何电击。

24小时过后，塞利格曼把三组狗全部移进一个新的笼子，笼子中间设有一道挡板，挡板的一边有电击，另一边没有电击。观察结果显示，第一组和第三组的狗越过挡板，移动到了没有电击的空间，但第二组的狗没有越过挡板，而是蜷缩在角落里，绝望地忍受着电击的痛苦。第二组的狗由于经历过无论如何挣扎也无法避免电击之苦，因此即使处于可以避免电击的条件下也不会尝试逃脱，这一实验结果令人震惊。塞利格曼把上述实验中狗的这一绝望心理称为"塞利格曼效应"。

具有塞利格曼效应的孩子，往往在面临问题时会迅速放弃一切努力，渐渐走向自暴自弃。在学业阶段，一旦孩子陷入塞利格曼效应，可能会导致灾难性的后果。

自我效能感与肯定的关系

自我效能感的发展通常会在8~10岁迎来第一个高峰期。此外，很多研究表明，肯定在提高自我效能感方面起到重要的作用。这是因为，从小听着很多称赞长大的孩子更容易形成正面的自我认知，从而对成功有着强烈的渴望。

很多研究者和教育者已经通过相关研究证明肯定和自我效能感间的关系。有的发现，给小学四年级的孩子布置完成句子的作业后，受到肯定的孩子答题量远远高于那些没有受到肯定的孩子。有的认为，肯定能发掘人的潜能，提高其自主性。社会心理学家、自我效能感研究专家阿尔伯特·班杜拉（Albert Bandura）也主张，肯定可以有效提高自我效能感。

斯坦福大学心理学教授卡罗尔·德韦克（Carol S. Dweck）等人进一步解释说，肯定的具体内容会对孩子的自信心和自我效能感产生不同的影响。为了更好地理解这一点，首先我们需要了解一个概念——归因方式（attributional style）。

所谓"归因"，指的是对事件发生原因进行推理的过程。人类有一种探究真相的本能。换言之，某件事情发生以后，人们一定会想知道它为什么会发生，于是不自觉地推论导致这种结果出现的原因。不管结果是成功还是失败，人们都习惯进行认知上的归因。

不过，不同的人有不同的归因方式。这是因为，尽管对事件发生原因进行推理是每个人的本能，但对原因进行推理的方式是通过后天的学习形成的。例如，将原因归咎于自己还是他人、是否认为一切依赖运气、是否觉得自己能够通过努力来控制和改变事件的走向等，都会受到个体的生活经历和后天学习的影响，每个人都会形成不同的认知方式。归因方式是个体性格的一部分，也是我们应对失败和成功、危机和适应的重要特质。

归因方式与自我效能感的关系

前面提到过，无论最终的结果是失败还是成功，人们都会本能地推论原因。这里有几个问题值得我们注意——当某事以失败告终时，是将原因归咎于自己可控制的部分，还是归咎于自己无法控制的部分？两者当中哪一种做法更有助于培养自我效能感呢？

在寻找失败的原因时，大多数人希望将其归咎于自身不可控的部分。这是因为失败意味着自己没有能力，如果问题出在那些不受自己控制的方面，就可以避免对自己无能的负面评价。

然而，这种想法其实是错误的。美国社会心理学家伯纳德·韦纳（Bernard Weiner）认为，一般来说，归因于可控制的因素，比归因于不可控制的因素更有助于提高自我效能感。

当孩子面临失败时，如果我们将失败归因于孩子可以控制的因素，比如缺乏足够的练习，通常孩子不会感到过分挫败，而且愿意继续努力。然而，如果我们将失败归因于不可控制的因素，例如天赋智力，孩子很容易受到打击，下次遇到困难很可能会一蹶不振。长期这样，孩子的学习可能会受到严重的影响。

需要注意的是，人的归因方式并不是天生的，往往是通过父母的肯定、鼓励和批评逐渐形成的。

此外，并非所有的肯定都会提高孩子的自我效能感，或者让他们学会从可控的因素中寻找失败的原因。有些肯定可以有效提高孩子的自我效能感，但也有一些肯定可能导致孩子陷入塞利格曼效应。关于这一点，我们将在后文进行详细的介绍。

肯定能提升自我引导能力

众所周知,要想在学习中取得出色的成绩,自主学习至关重要。这包括设定明确的学习目标,制订相应的计划,然后按计划逐一实施。

这种自我引导能力,不仅在学习方面至关重要,在生活中也扮演着不可或缺的角色。然而,自我引导能力的提升,不是仅仅依靠老师的指导,或者运用题海战术就能解决的。

自我引导能力强的孩子不怕失败

自我引导能力是孩子内在的驱动力,我们要让孩子养成自我引导的习惯。

自我引导能力较弱的孩子和自我引导能力较强的孩子,在开始一项任务时的态度截然不同。自我引导能力较弱的孩子会害怕参与任何活动，即使勉强开始了，也很难具备积极推进的动力。这并不是因为他们懒惰，而是因为他们缺乏自信，担心自己的表现不够完美，害怕遇到困难，所以畏首畏尾。

相反，自我引导能力较强的孩子一般不担心失败，也不会在意别人的看法。他们能够自主地制订计划，并充满信心地完成任务。虽然在规定时间内完美地完成任务确实是一种重要能力，但毫不畏惧地面对挑战同样重要。因此，自我引导能力强的孩子往往被认为是最理想的人才。

积极心态有助于培养自我引导能力

在培养自我引导能力的过程中，最重要的，也是首要的，当然是明确自己的目标是什么，以及为了实现这些目标应该如何去做。至于制订具体计划，这是后续的步骤。这句话听起来很容易，但孩子如果想开始并坚持一项任务，就需要统合内心的力量。这时，最关键的是相信自己有能力完成这项任务，即使面对失败也能保持积极的心态。

而能够培养孩子拥有这种积极心态的方法之一，就是肯定。肯定可以产生对某一特定行为的正向强化，这会增加该行为重复发生的可能性，因此它是一种积极的激励手段。

最重要的是，大人的肯定能让孩子明白自己应该做什么。肯定是对孩子理想行为的反馈，因此当孩子听到肯定时，他们能明白为了实现自己的目标需要采取哪些行动，并且要具备坚持和忍耐的力量来达成这一目标。

此外，大人的肯定能够极大地提高孩子的自我效能感，而自我效能感与自我引导能力密切相关。自我效能感的提升意味着对自己完成任务的能力持肯定态度。具有高自我效能感的孩子不害怕挑战，乐于坚持不懈地尝试，因为他们坚信自己的能力，对失败的焦虑感较低，即使面对失败也不容易气馁，胜负欲望也更加强烈。

肯定可以激发成就动机

父母大多渴望孩子学业优秀。然而他们不知道，最能决定孩子学业成绩的，是"目标"，而不是做不完的习题。首先要明确设定学业目标，然后为了实现这一目标不断努力。在这个过程中，孩子需要密切关注自己努力的方向是否与目标一致，这样才能够不断增强自己的能力，并弥补不足之处。简而言之，没有明确的目标来引领，所有努力可能都将付诸东流。

树立目标并开始实践以后，最关键的成功要素就是"成就动机"（achievement motivation）。所谓成就动机，指的是"对实现某种事情的内在渴望"，它决定了当事人面对自己设定的目标时，态度是"我想做"，而非"应该做"。成就动机强的人不会特别在意所谓的补偿或结果，而是对实现目标的每一个过程都充满热情。

成就动机为什么会决定成败

相较于那些缺乏成就动机的人,具有成就动机的人会表现出截然不同的特点。

首先,他们呈现出"任务导向型"特征,即他们将全部精力都投注在正在进行的事情上。假如孩子设定了一个目标并付诸实践,只有父母在场时才会努力,父母不在场时就会表现出懈怠,这种情况表明孩子属于"关系导向型"而非"任务导向型"。因为孩子并不专注于目标本身,而是为了讨好拥有权力的父母才这样做。

其次,他们有适度的冒险精神。这是理所当然的,因为要实现自己的目标,不可避免地需要承担一定程度的风险和不确定性。

而且,成就动机强的人愿意对结果负责。他们会觉得,这是根据自己的意志和计划去实现的,自己要对结果负责。但他们不会因为失败而气馁。他们拥有高度的自我效能感和自信心,即使面对失败也不会心灰意冷,下次遇到挑战时,他们仍会毫不犹豫地迎接新的挑战。

父母的支持可以增强孩子的成就动机

成就动机是人生中非常重要的核心要素。父母对孩子的鼓励和肯定，对于激发孩子的成就动机具有关键作用。当孩子在某件事情上取得一定的成绩时，父母的肯定会为他们带来强烈的成就感。父母的肯定是激发孩子反复尝试的动力。在父母温暖的鼓励和肯定下成长的孩子，会产生一种自信心，相信自己可以独立完成所有任务，也愿意追求更卓越的表现。

有很多研究结果表明，父母的情绪支持和孩子的成就动机之间有密切关系。比如，父亲无微不至地关怀女儿，经常表扬和鼓励女儿，会加强女儿的成就动机。还有研究证实，父母温情、正向的养育态度也会对孩子的成就动机产生深远的影响。相反，在家庭氛围紧张、父母过度控制的环境下长大的孩子，成就动机明显较低。

当然，选择成为把自己制订的原则和标准强加给孩子的控制型父母，还是成为充分尊重孩子的情感、支持和鼓励他们表达自己立场的肯定型父母，这是个人的选择。如果考虑到对孩子的成就动机可能产生的潜在影响，后者无疑是明智的选择。

肯定让孩子成为"学习目标"的追求者

每个孩子都会有一定的"目标指向性"。

目标指向性，指的是"对自己为什么做某件事情的想法及态度"。在制订和追求某种目标时，每个人的目标指向性都会表现出一定的差异，例如，是更追求"评价目标"，还是"学习目标"？大多数人会将其中一个作为自己的主要目标。

评价目标的追求者通常会将自己的能力与克服困难的能力挂钩，因此他们将成功完成一项任务视为证明自己能力的机会；而学习目标的追求者则将解决难题的过程看作开发自身潜能和学习知识技能的机会，相对不太容易受到评价结果的影响。

那么，两者当中，谁能更好地完成任务呢？当然是后者。

有学习目标的人希望能够享受完成任务的过程，并从中吸取教训和得到更多有用的信息。但是，对于追求评价目标的人来说，重要的不是过程、教训和信息，而是结果，因为他们认为唯有高分才能证明自己比别人优秀。

可见，注重学习目标的孩子，比起别人的评价，更注重提升自己的实力。他们享受学习过程，热衷于探求未知的事物。相反，注重评价目标的孩子在解决难题时，主要是为了展现自己的聪明才智并获得他人的认可。这种倾向导致他们在学习中难以体验到探索新知的乐趣，也无法深刻理解解决问题的意义。他们过分依赖分数来证明自己的能力，过分关注结果而非学习过程。对他们来说重要的不是过程，而是结果，即分数。这会对孩子的学习产生很大的影响。

假设，一个注重学习目标的孩子和一个注重评价目标的孩子，同一天在同一个地方做了同样的数学题，但两个孩子的分数都远不如平时。这时，注重学习目标的孩子会更加努力学习。因为他会得出这样的结论：没能达到理想的分数是因为自己还不够努力。为了提高自己的分数，他会比以往倾注更多的努力，也会尝试改变学习方法。在这个过程中，他可以学到新的东西，也可以摸索适合自己的学习方法，因而不断得到提高。

但是，注重评价目标的孩子的情况则完全不同。对他而言，低分意味着自己的能力有限。原本期望通过考试展现自己的能力，却得到了意外的低分，这使他深信自己的能力确实很差。如此，他可能失去继续学习的动力，对学习失去兴趣，甚至可能选择放弃学习，转而寻找其他能够得到他人认可的领域。如果孩子认为自己在其他领域可以表现出色，那么他放弃学业的可能性就更大了。假如这些领域可以学习新技术或开发潜在才能，尚且不算是一件坏事，但现实情况可能并不乐观，孩子甚至可能会因此误入歧途。

一位朋友向我诉苦，说她最近因为儿子的前途非常伤脑筋。儿子上小学时是学校的学生干部，学习成绩和人际关系都很出色。不过，上初中后，儿子成绩开始下滑，现在甚至开始厌学，说自己打算学习美容技术。儿子平时就对明星和流行的发型很感兴趣，他认为依靠书本知识是不够的，决心要自己闯一闯。目前儿子还是初中生，有较多的自由时间，也有足够的空间去挑战新事物，但随着成绩的下滑，他已经完全失去对学习的自信。

当然，学习美容技术也是一个不错的选择，但孩子过早地放弃学业，这确实令人担忧。

实际上，小学低年级或整个小学阶段一直成绩优秀，到初中或高中后遭遇滑铁卢的孩子非常常见。他们当中，往往大部分孩子都比较注重评价目标。

对于小学生来说，注重评价目标的孩子更有可能取得优异的成绩。因为他们更加专注于学习学校的课程和应试。相反，注重学习目标的孩子往往容易偏离学习进度和考试范围，而把注意力放在自己感兴趣的领域或社会热点问题上，以满足自己的好奇心。他们学习不是为了应对考试，可能无法获得好成绩。

但进入初中和高中后，情况就发生了变化。学校的学习越来越注重创造性思考和解决问题的能力。因此，注重学习目标的孩子更能如鱼得水。

我们正处在第四次工业革命时代，这一时期需要更多的创意融合型人才。因此，关注别人的评价并不是最重要的，重要的是寻找自己真正热爱并擅长的事情。只有具备想象力和创造力的孩子才能在这个时代脱颖而出，成为最后的胜者。

在激发成就动机上，父母的支持与鼓励起着决定性的作用。

此外，孩子是评价目标的追求者还是学习目标的追求者，会在很大程度上受到父母的肯定的影响。值得强调的一点是，肯定的多少并非最重要的，肯定方法是否恰当才是关键。为了培养出懂得享受学习过程、充满创造力，并具备解决问题能力的孩子，父母需要掌握正确的肯定方法。

肯定能培养自控力

自控力，指"为了追求自己的目标，忍受现在的挫折或瞬间的冲动，控制自己的能力"。我们常常要求孩子有耐心，这也是类似于自我控制的一种特质。

自控力会对孩子产生很大的影响。孩子需要具备抵抗即刻享乐、草率行事、冲动消费，以及难以抗拒的诱惑的能力，而这些都依赖于他们的自控力。

具备强大自控力的孩子，即使面对玩耍的诱惑，也会优先完成必须完成的作业、课题或任务。即使口袋里有足够的钱，可以购买自己心仪的物品，他们也会理智地选择存入储蓄罐。而那些缺乏自控力的孩子可能会做出相反的选择。

现实中，很多问题儿童或失足青少年往往都是缺乏自控力的。不喜欢学习就光玩，不喜欢上学就逃学，不满家庭环境就离家出走，不喜欢某人就找碴儿打架。如果有想做的事情，明知道这样做不对也会毫不犹豫地去做；如果有想买的东西，明知道不该购买，仍会受冲动驱使而无法克制自己。这些都是因为他们没有自控力。对于缺乏自控力的孩子来说，现在想做的事情最重要，未来会发生什么并不重要。他们往往难以承受挫折和不满情绪。

国内外的研究结果一致表明，给予问题儿童和失足青少年积极的反馈，如肯定、认可和鼓励，会对他们的自控力和自我效能感产生积极的影响。对于那些很少被认可或赞赏的孩子，当他们得到肯定和具体的反馈时，他们的自控能力、自信心、主动性，以及与成人的关系等方面都会发生积极的变化。因此，养育者的积极反馈会对孩子的自控力培养产生重要影响。

孩子的自控力不是天生的，也不是朝夕之间形成的，往往是由养育环境所塑造的。这是源自"只要耐心等待，就能得到想要的东西"的信任，也是在等待过程中获得过肯定反馈而逐渐形成的结果。

美国知名心理学家劳拉·迈克尔森（Laura E. Michaelson）和宗方裕子（Yuko Munakata）进行的实验也证实了这一结果。实验人员将一些学龄前儿童随机分为两组——"可信任环境组"和"不可信环境组"。两组中的大人分别表现出"诚信"与"非诚信"，以测试成人的"言而有信"会对儿童的延时满足情况产生怎样的影响。

结果发现，与"可信任环境组"相比，"不可信环境组"的孩子为延时满足做出的努力较少，有的孩子甚至干脆放弃，不尝试延迟满足。这个实验表明，社会信任感对孩子的自控力有很大的影响。换言之，当孩子不信任周边环境的时候，他们就不会选择延迟满足。

可见，为了培养孩子的自控力，我们应该在孩子展现出优秀的表现时及时给予肯定和鼓励；同时，也要尽量避免在孩子表现不佳时不停地在他们耳边唠叨，这样会破坏孩子对我们的信任感。当孩子感受到我们的支持和鼓励时，他们会更加自信和愿意控制自己的行为。而过多的唠叨，比如"你怎么这么没有耐心？每天只知道玩，长大了能干什么？拜托你有一点耐心吧"，只会让孩子感到反感和抵触。

在提高孩子的自控力方面，肯定比唠叨有效。当然，对于一开始学习就坐不住的孩子，我们也不能无条件地肯定他们。我们应该寻找孩子身上值得肯定的点，比如为他们设定一个他们能力范围之内的任务，如果他们能取得一些小的进步或变化，我们便可以及时给予肯定和赞扬。例如，对于注意力较易分散的孩子，我们可以放置一个计时器，让他们在 5 分钟内完成一道题目。当他们成功完成题目时，我们便及时给予肯定。如此，孩子就有了在 10 分钟内完成两道题目的动力。

通过肯定来强化特定的行动之后，我们可以逐渐扩大变化的幅度。与此同时，不要忘记肯定孩子的努力和表现。通过肯定，我们能强化他们的积极行为和好的变化，让他们持续保持专注和努力的状态。

我们应该学会巧妙地运用肯定的力量，来提高孩子的自控力和自信心，同时要注意避免过度肯定或滥用肯定，以免让孩子产生依赖心理。

肯定能提高学习能力

肯定是对对方成功行为的积极回应,可以作为对孩子行为正确的明确反馈。

对于每天都在努力学习的孩子来说,父母的肯定与否是他们判断自己学习过程或学习结果的重要标准。因此,在孩子设定学习目标并努力实现目标的过程中,肯定无异于灯塔,可以引导孩子朝着理想的方向前进。而掌握了正确学习方法的孩子,自然可以少走弯路,从而提高学习效率。这将直接关系到他们的学习成绩以及实力的提升。

反过来,如果孩子在学习的过程中得不到肯定,孩子很可能就无法判断自己目前的方法是否合适、成绩是否理想,这会导致他们继续沿用无效的学习方法。因此,针对孩子的学习过程和取得的成果,我们一定要及时给予适当的肯定。

汤姆·拉思(Tom Rath)和唐纳德·克利夫顿(Donald O.

Clifton）在《你的水桶有多满？》一书中，介绍了伊丽莎白·赫洛克（Elizabeth Hurlock）博士于1925年进行的一个实验，该实验的目的就是探究肯定对孩子的学习成绩有何影响。

实验中，赫洛克博士将上数学课的四到六年级的学生分为能力相当的四组，让他们在不同的情境下完成难度相等的学习任务。第一组总是受到鼓励和表扬；第二组总是受到严厉的批评；第三组既不表扬，也不批评；第四组作为对照组，全程与前三组隔离，未给予任何评价。

各组学生连续五天做数学题。第二天，第一组和第二组学生的成绩相当。然而，到了第三天、第四天，第二组学生的成绩出现了显著的下滑，与第三组学生的成绩逐渐接近。直至实验的最后一天——第五天，第二组的成绩依然未能恢复到最初的水平。相比之下，受到肯定的第一组学生则始终保持了较好的成绩。第四组从始至终表现都是最差的。

这就是著名的"赫洛克效应"，受到积极关注能够对个体起到促进作用。表扬的效果比批评好，而批评的效果又优于完全被忽视。

2008年，韩国教育科学技术部公布了一项针对小学三年级学生的调查。调查结果显示，经常受到老师表扬的学生相较于很少听到老师表扬的学生，平均分数要高出1~9分。由此可见，肯定对于提高孩子的学习能力具有重要的推动作用。

肯定能改善人际关系

孩子受到肯定后,会感受到他人对自己的认同和理解,这种共鸣会让他们感到更加安全和自信。特别是当肯定来自父母时,孩子会更容易积累对世界的信任感和安全感,更加愿意与他人互动和学习。这将有助于他们建立和谐的人际关系。

安全感与信赖感有助于形成依恋关系

在人际关系中,有一种重要的元素叫作"依恋",它代表两个人之间的情感纽带。为了建立稳定、健康的依恋关系,我们和对方都需要拥有健康的形象(image)。简单来说,只有当我们相信自己有能力,并且觉得自己是珍贵的存在,同时相信"对方在我有需求的时候可以立即回应我"时,我们才能建立稳定、健康的依恋关系。

那些依恋感不稳定的人,要么是对自己缺乏信心,要么是除了自己以外不相信任何人,或者两者兼而有之。此时,他人的肯定对于他们建立对自我和对世界的信任感起着至关重要的作用。可见,肯定不仅是塑造自我正向形象所必需的初步刺激,也是认识到对方为值得信任之人的重要桥梁——对方能够提供必要的正面反馈和安全感。

肯定会影响一个人的社会关系

幼年时期通过父母形成的稳定的人际关系,会对一个人的其他重要关系产生持续影响。那些在童年时期与父母建立了稳定依恋关系的孩子,往往对自己和他人持有积极的看法,并且能够更好地建立社会关系。这种积极的视角在解释和认识他人的行为方面发挥着强大的作用。因此,幼年时期与父母形成稳定的依恋关系,是日后建立与朋友的关系、与上司的关系、与恋人的关系,以及夫妻关系的重要基础。

当受到肯定时,那些建立了稳定依恋关系的人会愉快地接受,并更加努力地改善双方的关系。然而,那些处于不稳定依恋关系的人很可能不相信对方的肯定,他们会认为对方是想要控制自己，或者别有用心。由于没有做好接受别人肯定的心理准备，他们也很吝啬于肯定别人。

很少有人愿意接近这种不懂得肯定别人，也不相信别人的肯定的人。美国心理学家辛迪·哈赞（Cindy Hazan）和菲利普·谢弗（Philip Shaver）发现，那些在幼儿时期形成不稳定依恋关系的人，日后的夫妻关系往往不融洽，处理社会关系时也大多力不从心。

肯定本身就具有意义

正如前文所述，孩子可以通过肯定获得行动的动力，据此判断自己的方向是否正确，并获得即使失败也能重新开始的勇气。

肯定能给孩子带来心理上的安慰和满足

得到他人，尤其是世界上最亲爱的父母的爱和认可，这会给孩子带来巨大的安慰和满足感。因此，肯定孩子并不仅仅是好不好的问题，而是父母的责任。

在希腊神话中，国王皮格马利翁爱上了一尊美丽的女性雕像，日日精心照料她。他还祈求爱神阿弗洛狄忒赋予雕像生命，阿弗洛狄忒满足了他的愿望，最终皮格马利翁与雕像化身的女子结婚，两人幸福地生活在一起。

　　皮格马利翁的故事给人们很多启示，心理学领域甚至出现了"皮格马利翁效应"这一术语，意思是"当一个人得到别人的尊重、肯定和期待时，他就会表现出相应于这种期望的特性"。对父母而言，向孩子传达尊重、信任和期待的方法之一就是肯定。

　　此外，有一个与此相反的心理学术语"标签效应"。标签效应指一个人被贴上某种标签后，会受到标签所标定的负面影响，以至于发展成标签所描述的那样的人。

　　一些罪犯和失足青少年之所以走上犯罪的道路，很可能是因为从小就受到标签效应的影响。例如，有些父母会责备孩子说："你一天天就知道混日子，什么也不会，长大了能干什么？你这种人对社会有什么用？"这样的话语会严重打击孩子的自尊心和自信心，很容易让孩子产生自暴自弃的心理。

肯定并不难

　　美国教育心理学家罗伯特·罗森塔尔（Robert Rosenthal）和伊迪丝·雅各布森（Edith Jacobson）通过一个著名的实验，证明了皮格马利翁效应。他们在一所小学进行了一项调查，声称要对学生进行"未来发展趋势测验",之后将一份"最有发展前途者"的名单递交给校方和相关老师,称这些学生在接下来的几个月里成绩会有显著提升。实际上,名单上的学生是随机抽取的。整个实验过程,老师完全不了解内情。

然而,实验的结果出人意料。那些被列为成绩有望提高的学生,后来果然表现非凡,大部分都远远超出了其他学生。根据观察,老师是通过情绪、态度等无形的因素影响了这些学生。这表明,当老师对某些学生抱有积极的期待时,学生会接收到这种期待,并获得努力学习的动力。

由此可见,肯定是实现皮格马利翁效应的最简单的方式。

肯定并不需要多么复杂的言辞,不需要特殊的知识或技巧,它可以是简短而真诚的。对很多父母来说,开口说出肯定的话语却并不那么容易。有些父母担心直接表扬孩子会显得过于轻率,因此很少使用表扬的方式。有些父母认为孩子取得好成绩理所当然,无须特意表扬。也有一些父母天性沉默寡言,即便想表扬孩子也无从开口。还有一些父母因为工作繁忙,平时没有足够的时间与孩子交流,更别提表扬孩子了。

无论做出何种辩解,对子女吝于肯定的父母都是愚蠢的。肯定并不需要任何特别的技巧,也不会占用太多时间,更不需要长篇大论,坦率地表达我们对当前情况的感受足矣。

有几点需要注意。我们与孩子交流时,应注入积极、充满希望和宽容的情感。我们的眼神应专注于孩子，用微笑表达我们的友善。通过这种方式，我们可以培养出自我效能感强、自我主导能力强、成就动机强、实际能力出色，以及人际关系和谐的孩子。

\>>> 第 2 章
不当肯定是毒药

许多父母原本以为,
给予孩子更多的肯定有益于他们的成长,
殊不知,
不恰当的肯定可能会对孩子的成长产生负面影响。
那么,为什么肯定有时会起到相反的效果呢?

不当肯定有反效果

在 2010 年播出的 EBS（韩国教育放送公社）纪录片《肯定的反效果》中，节目组通过一系列严谨的实验，深入探讨了父母的肯定对孩子可能产生的各种影响。由于很多研究结果颠覆了人们对肯定的传统认知，该纪录片播出后引起了社会的广泛关注。

节目播出的第二天晚上，一位和我关系很好的学妹来到我的研究室。虽然我们平时关系很亲密，可以说无话不谈，但是她来研究室找我还是第一次。以前我们一般都是在外面一起吃饭或者听音乐，这次在研究室见到她，我感到非常惊喜。

由于很久没见面了，我关心地询问起她近期的状况。没想到，学妹只是简单地回答了一下，随即便谈起了节目《肯定的反效果》。她表示，起初看到我在电视上参与节目和接受采访，她感到非常激动。可是，随着节目的进行，她发现我所发表的观点与她所了解的事实存在很大出入，因此有些如鲠在喉。

学妹告诉我，我在节目中提出的"肯定可能带来反效果"的观点对她产生了很大的冲击，她发现节目中提到的那些"不当肯定"，自己平时说得特别多。她深深地叹了口气，担心自己的行为已经对女儿造成负面影响，更担心女儿受到伤害。说到这里，她的眼眶开始微微泛红。看到她不断叹息和眼中流露出的失望，我能够感受到她内心的震动有多大。

随着越来越多的媒体报道开始强调肯定的负面影响，许多父母意识到，无条件地过度肯定孩子并不总是有益的。他们原本以为肯定会给孩子带来积极的影响，现在却发现，肯定有时也会给孩子带来负面影响，这让他们感到困惑和不知所措。**很多人表示难以理解，为什么像"你真聪明""你什么都能做好""你是最棒的"这类鼓励和肯定的话语，有时会产生相反的效果？**

其实，不当肯定会对孩子产生负面影响，这一观点早已有心理学家提出。在研究肯定对孩子产生积极影响的同时，很多心理学家也一直在关注肯定带来的副作用。

提出"肯定可能带来反效果"的观点后，我最担心的是，本来就吝于肯定的父母会不会因此更加不愿意肯定自己的孩子。肯定如果方式不当，那么带来副作用是必然的。但这里有一个前提，那就是"方式不当"。如果肯定"方式得当"，那么它就像前面所说的那样，能够为孩子的成长提供重要的养分，促进他们知识的积累和情绪的成长。这一点是毋庸置疑的。

然而遗憾的是，在当前社会中，父母对孩子的肯定往往更多地表现为"方式不当"，而非"方式得当"。很多时候，我们的期望与实际效果总是大相径庭，比如我们原本希望让肯定成为激励孩子的良药，却不承想它也可能成为伤害孩子的毒药。

因此，有必要探讨一下，什么样的肯定能成为良药，什么样的肯定可能成为毒药。希望这些内容能够引起广大父母的警觉和反思。

披着高期待外衣的激励就是无形的鞭子

家住一山①的正民妈妈一直有一件深感困惑的事情。在她的观察中,其他孩子听到赞美之词时会欢欣鼓舞,甚至会为了再次获得肯定而费尽心思。可是,正民受到肯定的时候,反应却异常冷淡。

她知道,如果孩子做得好,就应该给予必要的肯定和鼓励。因此,每次表扬正民时,她都会尽力让自己看起来更真诚一些。可正民却总是一脸冷漠,甚至会突然打断她的话,转而谈论其他话题。

正民妈妈认为,正民是一个与众不同的、讨厌被别人夸赞的孩子。他本来就擅长很多东西,即使不受到他人肯定,也清楚自己在许多方面都很优秀。

---

① 韩国地名。——译者注

那么，正民为什么不喜欢被肯定呢？

像妈妈猜测的那样，他真的觉得被肯定很烦吗？也许正民是一个高度敏感和自我要求严格的人，具有强烈的完美主义倾向。对这样的孩子来说，别人的肯定可能会被他们视为对他们的期望和要求，成为他们追求完美的心理负担。所以，盲目的肯定可能会对正民产生这种影响，让他觉得压力巨大。

你喜欢哪种肯定

假设孩子用心写了一篇读后感，并在全年级的评比中荣获"优秀奖"。这个"优秀奖"是仅次于"最优秀奖"的荣誉，显然也是非常值得肯定的成果。

在这个时候，不同的家长给予孩子的肯定也会不同。有的家长会说："不错，很好。"有的家长会说："你能拿到优秀奖，真的很厉害。下次，我们可以进一步完善一下自己的感想，争取拿到最优秀奖。"也有的家长会说："你能获得优秀奖，我们都很高兴。看得出来，你一定认真读书了，也认真去写了。"

让我们从孩子的角度来思考一下，如果我们是这个孩子，听到哪种肯定会心情最好，并激发出更强烈的成功欲望呢？

第一种肯定仅仅对孩子的读后感获奖事件本身进行了表扬。

这种肯定只关注孩子获得成绩这一事实,因此只是一种表面上的赞美。这种肯定不会对孩子的自我效能感产生任何积极的影响。

自我效能感是一个人对自己能够达成某个目标的信心和信念。第一种肯定虽然肯定了对方做得好,但是没有具体说明对方在哪些方面做得好,所以不够具体。这种肯定只是口头上的肯定,对提高孩子的自我效能感没有实质性的帮助。

第二种肯定是我们最应该避免的做法。这种肯定看似在鼓励孩子,实际上无异于给孩子施加额外的压力。它向孩子提出了更高的要求——下次要获得比"优秀奖"更高级别的"最优秀奖"。这种肯定方式不仅不能提高孩子的自我效能感,还会给他们带来巨大的压力和焦虑。

让我们来看一下第三种肯定——"你能获得优秀奖,我们都很高兴。看得出来,你一定认真读书了,也认真去写了。"在这句话中,我们看到了在前两种肯定中未曾出现的东西。它不仅充分地表达了家长对孩子取得成绩的喜悦,还对孩子付出的努力给予了鼓励。更重要的是,它并没有对孩子下次必须取得的成绩提出要求,至于今后是否要努力取得更好的成绩,决定权应该完全交给孩子本人。

如果我们是这个孩子,我们自然渴望得到第三种肯定。

父母的期待往往会让孩子陷入对评价的担忧

一天,我和朋友们聚在一起闲聊。我们从股票和房地产谈起,最后说到了孩子的成绩问题。一位朋友自豪地说,有次逛书店,她正在上初中二年级的女儿看到一套学习资料,便主动要求她买。

这种情况确实不常见。大多数孩子都希望能少一点作业,好轻松一些。因此,听到这里,我不禁心想:难怪人家成绩那么靠前,原来背后付出了这么多努力。

有一次,我偶然遇到了朋友的女儿秀智。虽然在她小时候我们见过几次,但后来就很少见面了。如今,她已经长成了聪明伶俐、外表出众的优秀女孩,完全符合我们常说的"别人家的孩子"的标准。看着秀智,我既感叹她如此好学的精神难得,又觉得她需要承受这么多压力,拼命学习,有些令人心疼。我悄悄问她这段时间过得怎样。

秀智知道我在研究儿童心理学,于是趁妈妈不在场时小心翼翼地向我倾诉,说虽然她的成绩一直在班级名列前茅,但她总是感到极度不安和焦虑。我安慰她说,面临着高考,每个人的内心都会承受巨大的压力,毕竟这个阶段就像是千军万马过独木桥,每个人都在全力以赴。

但是,秀智的回答让我很意外。她告诉我,她之所以总是感到不安，是因为害怕辜负妈妈的期望。每次她取得好成绩，妈妈都会表扬她，但这些表扬中总是包含着"下次要争取更好的成绩，你有这个实力"的意味。于是她拼命地追求更高的名次，从第四名追到第三名，再从第三名追到第二名。这种表扬给她带来了巨大的压力和焦虑。在这种情况下，她看到学习资料就像抓住了救命稻草一样，只有买了，才能稍稍感到安心。秀智的话让我非常心疼。

秀智问我："如果我能考第一名，就会轻松起来吗？"

但很快她又摇了摇头："不对，为了守住第一名的宝座，我肯定会更加焦虑吧。"

虽然许多孩子未曾直说，但可以肯定的是，背负着这种负担的孩子绝不在少数。**父母常常用"不错，下次争取更好的成绩"这样的话来激励孩子，这无异于一根无形的鞭子。不，它甚至比鞭子更可怕。就像有些外表美丽的植物，却带有致命的毒性一样，这种披着肯定外衣的鞭策对孩子来说是无比危险的。**

很多父母会对此佯装不知，实际上有相当一部分人会在不知不觉间犯这样的错误。比如，孩子在数学考试中第一次考了90分以上，于是父母高兴地说："下次争取考到100分！"再如，孩子在期末考试中考了全班第一，于是父母带孩子去一家高档餐厅吃饭庆祝，并且告诉孩子："如果下次你还能保持第一，我们就去更好的饭店。"

这样的父母都应该进行深刻反思。对孩子来说，这样的奖励并不是庆祝他们取得好成绩，而是向他们施加压力，要求他们下次也要取得如此好的成绩，甚至更好的成绩。

如果在肯定的同时又给了孩子下一个任务，孩子便会陷入被评价的担忧之中。陷入评价忧虑的孩子在面对困难时会有强烈的不安感和压力。这不仅会削弱孩子的动力，还会消耗他们大量的精力，使他们变得越来越消极。消极的孩子很难全心投入任何事情中。如此一来，原本旨在激励孩子的肯定，却产生了让孩子变得消极的副作用。

孩子希望得到的肯定，不仅仅是好听的话语，而且是有人能够理解并认同他们的努力和成绩。父母肯定孩子的真正目的是认可孩子之前的付出，激发他们的自信和动力。如果肯定变成给下一个阶段定目标，它就会成为一种比鞭子更痛苦的体罚工具，给孩子带来伤害。

夸天赋而非努力,难怪孩子惧怕挑战

肯定可以激发我们持续挑战的动力。在事情进展顺利时,肯定是对我们的努力和成果的认可,让我们更有动力继续前行。即使事情未能达到预期目标,肯定也能成为一种鼓励,提醒我们不要轻易放弃。通过肯定,我们可以传递出对他人努力和付出的认可,让他们看到自己的价值,从而更有信心和动力去迎接未来的挑战。

但是,这里有一个前提,那就是它必须是适当的肯定。不恰当的肯定反而会让孩子害怕挑战。那么,什么样的肯定能够帮助孩子迎接挑战,而什么样的肯定又会导致他们惧怕挑战呢?

不要夸赞孩子的原有天赋

大人肯定孩子时,最常见的话语之一就是"你真聪明"。他们认为，夸孩子聪明可以提高孩子的成就动机和自信心。而且，聪明常被视为一种宝贵的品质和祝福，因此他们认为夸赞孩子聪明是最好的赞美。

实际上，夸赞孩子聪明的做法是对孩子"不可控领域"的肯定。因为大多数人倾向于认为，聪明中的先天因素部分不是我们自己能够掌控的。

孩子取得了好的成绩或有出色的表现，如果被人夸赞头脑聪明，他们可能会认为这并非源于自己的努力，而是天生的资质。这会导致孩子无法真正为自己的成果感到欣慰或自豪，孩子可能会认为这是理所当然的，而不会感到自己了不起。

对无法控制的因素的认可，可能导致孩子变得消极。如果大人以为一味地夸赞孩子"做得好、你真聪明、你最棒"等，孩子就一定会高兴，那就错了。如果大人夸赞孩子的某种能力，而这种能力是天生的、固定的、不可改变的要素，孩子就会认为结果都取决于天生的"命运"，而不是自己的努力和行动。

努力是后天的因素，它取决于我们如何去做。这属于"可控领域"。所谓"可控领域"，是指可以通过自身提升来改善的部分。因此，当我们肯定孩子的努力时，他们会对自己所取得的成绩感到自豪和满足。这是因为，他们知道这是依靠自己的努力完成的。

长期研究儿童心理学的卡罗尔·德韦克教授也认为，将成绩归因于智力和努力等孩子能够控制的因素，这种做法更为有效。当然，这是站在智力是可塑的角度来讲的。

关于智力的实体论者和渐变论者

卡罗尔·德韦克教授在1995年提出了"内隐人格理论"，这一理论认为，个体对人的人格本质持有系统的信念。内隐人格观包括渐变论（incremental theory）和实体论（entity theory）两个维度，这两个维度分别对应了人格特质可变和不可变两类观点。

其中，实体论者认为个人特质（如能力、人格特质）是固定不变的，他们往往仅凭有限的成果来判断和评价自己的智力。与之相反，渐变论者坚信智力是可塑的、灵活的，并随着时间和情境的变化会有不同的表现。

卡罗尔·德韦克教授发现，每个人的内隐人格理论在设定目标方面起着至关重要的作用。持有渐变论观点的儿童倾向于追求"学习目标"，将任务和挑战视为提高自身能力的机会。即使面临失败，他们也会将其视为学习新知识和寻找更有效策略的契机，展现出积极应对目标的态度。相比之下，持有实体论观点的儿童在学习过程中更注重"评价目标"，并在经历失败时表现出消极反应。

如果你持有以下关于智力的看法，那么你可能属于实体论者：

- 一个人聪不聪明,都是天生的。
- 虽然人可以学习新技术,但智力水平不会因此提高。
- 通过让孩子完成一道题目,就能准确判断其智力水平。
- 性格是先天决定的,不会随时间发生改变。
- 只需稍微观察孩子与朋友一起玩耍,就能了解其性格特点。

相反,如果你持有以下关于智力的看法,那么你可能属于渐变论者:

- 智力是可塑的,可以通过多种学习和训练来提高。
- 智力水平是无限的,只要付出努力,就有可能不断提升。
- 孩子即使在社交方面有所欠缺,也可以通过学习交朋友等技巧来改善。

在日常生活中,大部分人属于实体论者。卡罗尔·德韦克教授认为,孩子会模仿并学习大人的归因方式。如果家长习惯于将一切归因于智力,孩子在成长过程中,无论面对成功还是失败,都可能将智力视为主要因素。这种情况下,孩子更可能持有实体论观点,一旦遭遇小小的失败,就可能因为觉得自己能力不足而失去自信,变得消极。

如果为这样的孩子安排一个可控制的任务,当他们成功完成该任务时,我们要赞扬他们可控的努力和过程。这样能激发孩子的积极性和自信心，使他们投入和自信地完成任务。他们会感受到从任务选择到过程和结果都是可以掌控的，所以任务也变得有趣和有意义。

肯定孩子可控制的部分，对其形成对智力或性格等心理特性的态度具有关键作用。正确的肯定有助于促使孩子成为渐变论者，相信智力水平可以通过努力和训练得到提高，而不是成为实体论者，认为特质是绝对不变的。

尽管如此，许多父母仍然会给孩子提出超出他们能力范围的任务。如果孩子无法完成，他们就会责怪孩子智力差。例如，让未上小学的孩子阅读英语绘本，让低年级的小学生参加汉字考试，如果孩子表现不佳，父母就认为孩子智力低下。还有的父母强迫上小学的孩子提前学习初中数学知识，并与亲戚家孩子的学习进度进行比较，让孩子倍感压力，也害怕挑战。

让孩子在可以控制的范围内迎接挑战，孩子才会有成就感，并愿意接受更困难的挑战。因此，建议父母在制订孩子的任务计划时，与孩子共同讨论任务的选择和执行方式。通过充分讨论孩子能控制的程度和任务的难易度，并密切观察任务执行过程，父母能自然而然地肯定孩子在此过程中付出的努力——对可控状况的努力。

懂得肯定孩子的努力，即使他们没有取得好成绩，父母也可以找到很多值得肯定的地方。如果结果不尽如人意，父母能心平气和地和孩子交流，了解孩子付出的努力和尝试的方法，然后告诉孩子哪些做法是有效的，哪些是不太理想的。对于那些有效的做法，即使实际结果并不理想，父母也能给予孩子称赞。如果孩子认为自己已经尽力了，父母也能承认并肯定他们的努力。

外在奖励会抹杀内在动机

有关肯定的反效果，EBS有纪录片进行了一个实验，旨在探究"小红花"对孩子产生的影响，实验结果令人惊讶。尽管我深知使用"小红花"作为激励机制并不理想，并对许多家长和教师使用"小红花"奖励孩子的做法持有怀疑，但我没有料到，孩子们为了获得"小红花"竟会如此挖空心思。

实验人员让孩子们阅读书籍，并承诺在他们看完后给予"小红花"作为奖励。为了获得更多的"小红花"，大部分孩子开始以惊人的速度阅读。他们飞快地翻动着书页，甚至不到三秒就能读完一页。有些孩子只是简单地翻了翻书，便假装自己已经读完了。就这样，孩子们身边很快便堆积了数十本已读完的书。

在实验过程中，孩子们"阅读"了很多书，也获得了许多"小红花"作为奖励。但我们不禁要问：他们真的仔细阅读了那些书吗？他们对所读内容的理解有多深？这种阅读方式真的有意义吗？

不要让"小红花"成为孩子的行为动机

我们小时候，如果得到老师盖的"做得棒"印章，无人不会满心欢喜。这是一种无可比拟的骄傲、难以言表的喜悦。为了得到这枚印章，我们会更加努力地完成作业，更加认真地整理物品，跑得更快，打扫得更多……

现在想来，这枚小小的印章似乎并不值得我们那般欣喜若狂。但在当时，得到这枚印章，就像得到了全世界一样，心情是那样雀跃。今天得到了"做得棒"印章，明天还希望能继续得到，后天也希望可以得到。那个时候的我们，确实把这枚印章视为珍宝，小小的一枚印章，代表了老师对我们的宝贵肯定。

近来，"小红花"贴纸就如同"做得棒"印章一样，大家都经常使用这种贴纸来奖励孩子。是否得到"小红花"，不仅可以作为衡量孩子当天学习态度的标准，还可以用来区分"好孩子"和"坏孩子"。收集了大量"小红花"的孩子往往会得到特别的奖励和关注。

正因如此，大多数孩子都非常执着于得到"小红花"。他们往往不是为了做好某件事而努力,而是为了得到"小红花"而费尽心思。"小红花"已经成为他们做出某种行为的一个重要动机。

内在动机与外在动机

动机可以分为"内在动机"和"外在动机"两种类型。

内在动机指"个体出于兴趣、责任感或成就感而采取行动的驱动力"。这种动机来自个体内心深处,使得行为本身成为目标,进而产生自发性和持续性的动力。

外在动机是由外部因素引起的,如为了"获得奖励或逃避惩罚"等。为了得到"小红花"、为了去游乐园或得到心爱的礼物而做出某种行为的孩子,他们的动机就属于外在动机。

外在动机通常较为微弱和被动。虽然它表面上看似能够成为孩子行动的动力,但深入探究后会发现,它实际上可能会抑制孩子的内在动机。当内在动机促使孩子采取行动后,如果大人表示对行动的结果予以补偿或奖励,原本自发、积极的内在动机可能会瞬间转变为外在动机。

有一位老人在幽静的山村里过着平静的生活。对于这位老人而言，静谧的乡村生活就是他心目中的幸福。然而，这份宁静的幸福却被一群在门口空地上嬉戏的孩子打破了。孩子们的欢声笑语成了老人每天必须面对的噪声，他不胜其烦。老人曾尝试用怒斥和威胁来赶走孩子们，但他发现这些孩子依旧我行我素，没有半点收敛。

一天，老人灵机一动，想到了一条妙计。他先是向孩子们表达了自己的感激之情，感谢他们在自家门前陪伴自己，并承诺每次他们在空地上玩耍时，他都会给予每人一美元的小费。这一承诺让孩子们欢欣鼓舞，从此他们可以尽情地玩耍了，并且每天都能得到一笔小财富，自然是非常开心。然而有一天，老人表示，他手里的钱不多了，无法维持每人每天一美元的小费了，只能减少到每次五十美分。孩子们听后立刻不满地说："用这点钱就想让我们天天来这里玩？没门儿！"

自那天起，孩子们再也没有出现过。老人的生活终于重归宁静。

这是一个很好的例子，说明了内在动机可能会因为补偿而转变为外在动机。这位老人显然深谙心理学，因此他清楚地知道，如果孩子因为外在动机而行动，便可能会因为无法得到预期的补偿而失去对所做事情的兴趣。

孩子们起初在空地上玩得很开心，这完全是出于内在动机。

但从老人提出用金钱作为补偿开始，原本的游戏就变成了追求利益的手段。也就是说，孩子们的内在动机变成了外在动机。而随着报酬的减少，孩子们的外在动机迅速下降，最终他们不再对这片空地感兴趣，选择了在其他地方进行玩耍。

儿童心理学家马克·莱珀（Mark Lepper）在保育院进行的一个绘画实验再次验证了这一点。在该实验中，莱珀将孩子们分为两组，对A组的孩子们承诺，如果他们画画就会给予奖励，而对B组的孩子们则仅仅是要求他们画画，没有提及任何奖励。

一周后，实验者观察了在没有继续提供奖励的情况下，两组孩子的画画行为。A组的孩子画画的次数明显减少了，而B组的孩子画画次数反而有所增加。

实际上，画画对幼儿来说是一种非常愉快的活动。大多数孩子都是因为内在动机而作画，享受画画的过程。然而，一旦引入外部奖励，这种愉快的活动就可能瞬间转变为为了获得奖励而进行的行为。如果孩子得不到预期的奖励，他们便可能会这样想："既然得不到奖励，画画还有什么用？"

奖励反而会降低学习欲望

经过数十年对成就动机的研究，美国心理学家卡罗尔·德韦克教授通过实验发现，补偿对激发孩子的学习欲望并没有太大的积极作用。

在实验中，卡罗尔·德韦克教授将孩子们分成两组，并让他们解答一些难题。对于 A 组的孩子，他们在成功解答问题后可以得到交换礼物的代币，而失败时则没有任何反馈，直接进入下一个问题。而对于 B 组的孩子，他们在成功解答问题时不会得到任何补偿，失败时却被鼓励要继续努力。

经过 25 次反复实验，卡罗尔·德韦克教授观察到两组孩子有着截然不同的结果。A 组的孩子在遇到难题时很容易选择放弃，而 B 组的孩子则能够顺利地解决之前未能解决的难题。A 组的孩子倾向于选择不付出努力、不接受挑战的方向，而 B 组的孩子则享受挑战和努力的过程。对于享受学习过程的孩子们来说，困难的问题就像是一次惊险的冒险，他们渴望去征服它。

警惕有毒的外在奖励

实际上，我们在生活中经常利用外在动机与孩子进行交易，其中最具代表性的就是前面提到的"小红花"。在学校中，孩子如果获得奖项，就会得到一朵"小红花"；完成规定的学习时间，可以得到两朵"小红花"；成绩有所提高，可以得到三朵"小红花"……我们使用"小红花"来标记孩子所做事情的价值,评价"做得好"或"做得不好"的标准也完全取决于孩子所得"小红花"的数量。

"小红花"之所以被广泛使用,是因为它能在短时间内产生显著的效果,给人一种错觉。为了获得"小红花",孩子会集中精力完成某项任务。我们需要明白的是,孩子的这种专注并不是出于对事情本身的热爱或兴趣,而是为了获得"小红花"。这会导致一种非常糟糕的违规行为。例如,为了迅速获得"小红花",孩子可能会省略必要的步骤或程序。

"小红花"原本是激发孩子学习动力的手段,最后却可能变成孩子为求奖励而学习的诱饵。

不仅仅是"小红花",许多家长也会用物质奖励来激励孩子。比如,如果孩子考试成绩好,家长会给孩子买礼物;如果孩子学习时间增加,家长会带孩子出去玩;等等。然而,这种利用外在动机来诱导孩子行为的方式,往往会伤害孩子的内在动机,导致他们失去对事物的兴趣和热情。

试图通过外在动机来调整孩子的行为是不可取的,因为一旦外在奖励消失,孩子可能会变得无所适从,不知道如何自主行动。我们要知道,正确的肯定才是最好的"小红花"。

肯定也会让人"中毒"

美国社会学家、心理学家阿尔菲·科恩(Alfie Kohn)表示:"当我们肯定别人时,其实不必过多言辞,只需观察并如实表达所见,就足够了。"

比如,孩子绘画时,我们可以说:"你画了一朵花,还涂成了紫色呀。"如此表达即可。当然,进一步提问会更好,比如"为什么花瓣要涂成紫色呢?因为你喜欢紫色吗?花瓣的形状为什么这么圆?"有了这样的交流过程,孩子才能更好地享受绘画的乐趣。

美国非常著名的心理学家伯尔赫斯·弗雷德里克·斯金纳(B. F. Skinner)是行为主义心理学的代表人物,他深信奖励和强化对塑造人类行为具有显著影响。根据他的理论,无论是人还是其他动物,只要被给予足够的积极强化,便能更积极地完成任务。这里所说的"积极强化"指的便是对行为的补偿。斯金纳主张，虽然对不当行为的处罚确实可以纠正行为，但当个体表现出良好的行为时，给予补偿并进行积极强化能够取得更为显著的成效。

不过，斯金纳提出的"人的行为只是受到外部补偿或刺激做出的反应"的强化理论遭到了众多批评。因为他过分强调补偿在激励人行为中的作用，却忽略了个人目标设定和内在动机的重要性。

哈佛大学的发展心理学家杰罗姆·卡根（Jerome Kagan）批评斯金纳的理论缺乏对人类思维和情感的深入理解。卡根认为，斯金纳的理论过于简化人类行为，将人类视为仅受静态强化物驱使、缺乏自由意志的存在。

不过，仍有许多父母试图利用补偿来引导孩子。需要记住的是，通过补偿获得的东西往往并不如想象的那么多。

对肯定上瘾的后果

生活中，有一些所谓的"中毒"现象害人不浅。比如"药物中毒""酒精中毒""减肥中毒"等。令人担忧的是，原本只出现在成年人身上的"中毒"症状正在逐渐蔓延至孩子身上。

近年来，很多孩子也和某些成年人一样，热衷于收集衣服、包包、玩偶、玩具和卡通形象商品,这种行为被戏称为"购物中毒"。对于从小生活无忧的孩子来说,这种行为其实也并不出奇。

随着智能手机的普及,许多孩子沉迷于游戏、社交媒体等。一些孩子因为过度沉迷游戏而忽略了学习,无心准备考试,甚至严重影响了日常生活。还有一些孩子走路和吃饭的时候也无法把视线从手机上移开,这些行为已经严重影响了他们与父母的沟通。有些孩子的健康状况甚至因此亮起了红灯。

"中毒"症状之所以可怕,是因为戒断反应非常痛苦。**明明知道"应该就此打住,现在是做其他事情的时间",但手上的感觉和脑海中的想法始终挥之不去,这就是"中毒"现象。**只要不去做这件事,就会感觉度日如年。而一旦对某件事上瘾,为了让自己满足,人们会不自觉地增加做这件事的频率和次数。就算勉强强迫自己停下来,人们也会在不知不觉中重复这种行为。

值得警惕的是,我们在肯定中也能观察到这种可怕的"中毒"症状。"中毒"的症状与一种名为"多巴胺"的激素有关。多巴胺是一种激发欲望和兴趣的激素,通常在我们经历有趣的事情时分泌。当我们受到肯定时,大脑"奖赏回路"(reward network)中非常关键的神经结构——伏隔核①便会分泌多巴胺,正是这种多巴胺导致了"肯定中毒"症状的出现。

---

① 伏隔核(nucleus accumbens)中含有可释放多巴胺的神经元,容易对食物、性、毒品等刺激有反应。——译者注

假如孩子因为别人的肯定而行动，将别人的肯定作为行为动机，那么，如果没有得到预期的肯定，他们可能很难继续保持动力。此外，只有当肯定的量，即补偿达到一定的程度时，孩子才能维持理想的表现水平。这也意味着，在其他类型的"中毒"症状中观察到的现象，同样会在"肯定中毒"中表现出来。

下图清晰地展示了在得到补偿和未得到补偿时，理想行为概率的变化。

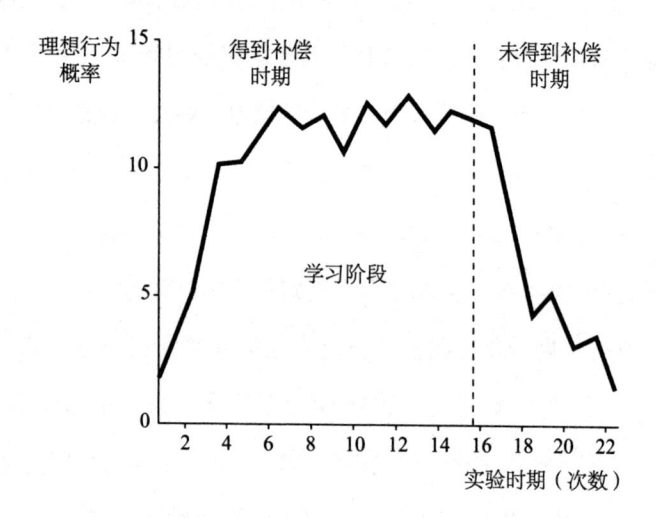

这是斯金纳的经典实验之一，它向我们展示了在不同时间段中，奖励学习所引发的典型现象。通过观察这个图我们发现，当个体因采取理想行为而获得奖励时，其学习速度会加快，并迅速掌握理想的行动方式。然而问题在于，一旦这种因补偿而得到强化的行为后续不再获得相应的奖励，个体采取该行为的频率会急剧下降，甚至完全消失。这种现象被称为"消退"。

反复肯定会让人麻木

如果某项成果受到肯定，个体会产生成就感，心情会因此变得更好。通过这种方式，个体可以建立自信，并获得推动自己继续前进的力量。这时的肯定确实起到了非常积极的作用。但是，如果肯定像规律一样反复出现，个体可能会逐渐对其感到麻木。在这种情况下，如果没有更大的肯定或更好的奖励，个体可能就不会有任何感觉。

如果父母发现孩子出现这样的迹象，他们可能会在以下两者中选择其一：一种是不再给予肯定，因为这种方法已经不起作用；另一种则是增加肯定的力度，期望给予孩子更大的激励。

第一种情况可能导致"消退"。当一种行为不再得到奖励时，这种行为的发生频率会逐渐减少或完全停止。如果孩子一直因为学习好而得到肯定或奖励，假如这种奖励突然消失，他们可能会失去学习的动力，不再好好学习，甚至放弃学习。

第二种情况可能导致"肯定中毒"。这是因为，即使增加肯定的强度，其效果也可能不会持久——孩子很快就会期望得到更大的肯定。不断地提高肯定的强度和频率，只会增加孩子对肯定的期望，从而诱发"肯定中毒"症状。

实际上，孩子的这种"中毒"现象往往是由父母的行为引起的。习惯于给孩子穿名牌、买昂贵衣服和漂亮鞋子的父母，没有资格对孩子的"购物中毒"说三道四。因为孩子从小就习惯了用物质来装饰自己，一旦少了这些东西，他们自然会感到自己的存在受到了威胁。

那些指责孩子"游戏中毒"的父母也应该进行反省。在责备孩子过度沉迷于游戏、无法专心学习或完成作业之前，父母首先应该审视自己是否为他们提供了容易沉迷于游戏的环境。

父母应该确保自己与孩子有足够的交流，了解他们在游戏之外是否获得了足够的满足感。此外，父母还应该创造更多有趣的机会，让孩子在不玩游戏的情况下也能感到快乐和满足。

肯定也一样。如果孩子对父母的肯定表现得越来越麻木，父母不必立刻想到，"孩子是不是进入青春期了"或者"孩子是不是有些自以为是了"，其实，孩子可能只是不再从父母的肯定中获得行为的动机。这时，问题的根源不在于孩子，而在于父母。

另外，父母也应该认识到，自己也可能受到"肯定中毒"的影响。有些父母在孩子表现优秀时未能给予肯定，于是感到非常不安，这其实也是肯定过度的一个表现。有些父母甚至会因此感到像犯了错一样，对孩子深感歉疚。肯定是父母能给予孩子的最珍贵的礼物，这一点毋庸置疑。但是，有时候没有给予孩子肯定，父母也完全没有必要感到内疚或不安。

作为对正面结果的反馈，我们应该在孩子展现出值得赞赏的行为时，恰当地用语言和行动来表达肯定。如果我们频繁地给予孩子肯定，而不考虑实际情况，这种肯定不仅无法成为激励孩子进步的助推器，反而可能直接导致负面结果。

肯定孩子的时候不要进行补偿

防止"肯定中毒"，关键在于消除补偿心理。补偿属于外在动机，可能导致孩子身体在行动，但内心并未真正投入。此外，补偿还可能引发"肯定中毒"现象，最好不要轻易尝试。因此，若想避免孩子过度依赖肯定，应尽量避免补偿的方式。

如果已经涉及补偿，那么最好的做法就是同时认可孩子其他方面的表现，并说明孩子行为的真正意义，这样可以稀释孩子对补偿的印象。例如，一个孩子平时不太喜欢吃蔬菜，当听说吃蔬菜就可以得到玩具时，他开始尝试吃菜。在这种情况下，父母只好给孩子买玩具，否则就会被认为是说谎者，情况会更糟。

在这个时候，父母尽管要履行诺言，给予孩子补偿，同时也要向孩子解释，为什么蔬菜对我们的身体有益，以及不吃蔬菜可能带来的后果。通过向孩子说明"喜欢吃蔬菜的孩子皮肤会变得更健康，个子会长得更高，力量也会变得更强大"，帮助他构建一个积极向上的自我形象。这样一来，即使没有物质补偿，孩子也会因为希望变得更健康、更强壮，而更加愿意尝试并喜欢上吃蔬菜。

如果木已成舟，也就是说孩子已经过度依赖肯定，那么"解毒"的过程可能会比预想的更为复杂。此时，我们需要投入更多的时间和精力来应对。首先，我们需要准确地传达肯定的真正意义。要使用恰当的语言和行动向孩子解释，肯定孩子并非为了在他人面前炫耀，也不是想获取某种回报，而是对他们的优秀表现给予的真诚认可。

让孩子摆脱"肯定中毒"需要一定的时间，我们只有倾注足够的爱心和关心，并给予孩子正确的肯定，将重点放在他们的努力和过程上，才能成功解决这一问题。我们要让孩子参与可以真正带给他们成就感的活动，这样他们才能积累自我成长的经验，并展现出与外界认可无关、自我享受并持续努力的状态。

与此同时，我们不仅要关注孩子的学习成果，还要关注他们在社交、挑战和实践过程中所展现的正确态度和行为，并给予相应的肯定。这样可以帮助孩子更好地理解肯定的本质，消除他们对肯定的误解。

别让肯定失真

孩子考了 100 分,父母说:"不错!"

孩子的期末考试成绩比上学期有所提高,父母也说:"不错!"

孩子在作文比赛中获奖了,父母还是说:"不错!"

当孩子在某件事情上做得很好时,我们给予他们肯定是理所当然的。但是,"不错"这句话本身并不等同于肯定。**真正的肯定应该是发自内心的祝贺和鼓励,而不仅仅是简单说一句"不错"。**孩子并不是为了听到父母的一句"不错"而递上他们的高分试卷或奖状,他们渴望的是真正的肯定,他们希望和父母进行走心的交流。

孩子能识破虚伪认可

有一天,孩子拿出自己的试卷给我看,上面的分数比平时高了很多。我非常高兴，和其他父母一样，孩子成绩的提高对我来说是莫大的欣慰。于是，我说出了我认为最能表达赞赏和鼓励的话语："你的努力终于取得了显著的成果！"

这是我对于孩子努力过程的肯定，对于她所付出的努力的认可，而非单纯地针对结果的肯定。我希望我的肯定能给孩子提供强大的动力，推动她继续朝着学习目标，而不是评价目标前进。然而，出乎我的意料，孩子回应道："妈妈怎么知道我付出努力了？"

女儿说得对。我整天忙于工作，回家后就一头扎进书本和论文中，怎么可能知道她每天学了什么，付出了多少努力。我原本想用肯定来掩饰自己对她的忽视，但显然她看穿了我的用意。尽管我给出了在心理学上被认为是最有效的肯定，结果却适得其反，给她的心灵带来了伤害。

孩子能够敏锐地察觉到父母是真正认可他们的行动结果和能力，还是只是在形式上进行评价。这非常神奇。

父母的表情和态度代表肯定的价值

在幼儿时期，如果父母肯定孩子的某一行为，孩子会感到无比快乐，并会反复表现出这种行为。即使在学走路的过程中摔倒了，只要能得到父母的肯定，孩子也会笑着重新站起来，继续努力练习，投入父母的怀抱。

孩子在幼儿园里制作的不太像样的手工作品，或画得乱七八糟的画，只要父母称赞做得好，孩子就会像做了一件大事一样感到非常了不起，非常幸福。孩子并不是根据事情的结果来判断好坏，而是根据父母的肯定来定义。在孩子的眼中，父母说好就是好，父母说不好就是不好。

随着孩子进入小学阶段，情况渐渐开始发生变化。即使是低年级的孩子，也开始具备判断自己表现好或不好的能力。如果孩子在某项任务中表现不佳，但父母仍然称赞他们做得好，这可能会让孩子感到困惑。渐渐地他们会明白，"做得很好""不错"等肯定和认可并不一定是真诚的，而更像一种礼貌表达。这时候，比起肯定的内容，孩子更倾向于通过观察父母的表情和态度来评估肯定的真实性和价值。

在这种情况下，表面的肯定反馈可能会让孩子觉得大人的称赞是轻率的，甚至是不可信的。当听到父母说"做得好"时，孩子会怀疑自己是否真的做得那么好。对于"辛苦了"之类的鼓励话语，孩子可能也不会有太大的感触。在极端的情况下，孩子甚至可能会感到伤自尊。如果孩子真的付出很大的努力，但父母只用一句话一带而过，孩子就可能体会到一种背叛感。

相较于称赞的次数和内容，更重要的是称赞的真诚和心意。因此，在称赞孩子时，我们需要发自内心地表达对他们的欣赏和肯定。当肯定孩子考试成绩优秀时，我们需要深入了解他们在备考过程中所做的努力和付出；当肯定孩子获奖时，我们需要切身体会他们获奖的喜悦和成就感。只有这样，他们才能感受到我们的真诚和关爱。

>>> 第 3 章

肯定的三大关键

"你真棒""你真聪明"等空泛的肯定,
可能会让孩子陷入盲目的自信。
而有针对性的肯定,
能帮助孩子明确自己的优点和强项,并不断强化。

‖ 比起空泛的肯定，具体的肯定更有效

如果问："你经常表扬孩子吗？"

大部分父母都会回答："是的。"

如果再问："你一般怎么表扬孩子呢？"

他们可能会回答：

"你真优秀！"

"我们××真了不起！"

"你真聪明！"

"你的性格真不错！"

"做得棒！"

尽管父母们都有自己的特点，受到肯定的孩子的情况也不尽相同，但父母们所使用的话语却惊人地相似。

上面列举的肯定过于泛泛，缺乏具体的依据和明确的细节，让人难以理解所肯定的具体内容。我把这类肯定称为"空泛的肯

定"。简单来说,这种肯定没有任何实质性的意义和效果,只是短暂的、表面的表达,缺乏真正的价值和内涵。

空泛的肯定助长自满自大

不切实际的赞美很容易让孩子盲目自满自大。他们会误以为,成功源于自身的天赋和优秀,而不是通过努力和技术实现的。孩子长大后可能会认为,他们无须付出更多的努力或发展其他技能。这种副作用在男孩身上表现得更为明显。

空泛的肯定无法为孩子提供明确的努力方向和目标。当遇到挫折时,他们可能不会意识到自己的不足之处,而是倾向于寻找外部原因或自己不可控的部分来解释失败。例如,如果孩子考试成绩不理想,他们可能会归咎于考试难度过高、老师教学不当、自己智力不足或身体状况不佳等,从而变得消极和逃避。

空泛的肯定可能会在人成年后继续产生影响,并对其社会生活造成困扰。

我认识的一位朋友每年都会换一次工作,有时甚至不到一年就会跳槽。她30多岁,已经换了7家公司。

朋友们对她辞职后仍能轻易找到工作的能力表示赞叹。"可

第 3 章 肯定的三大关键

能是因为她长得漂亮，或者口才很好吧……"大家如此称赞着。我也曾有过这样的想法。然而，在她第四次、第五次、第六次跳槽后，现在又跳槽到第七家公司时，我开始好奇她为什么要这样做。

那次我们见面后，我问她："你为什么要如此频繁地跳槽呢？一般来说，一旦熟悉了公司的制度和同事，大家就不太愿意跳槽，因为会面临很多陌生的东西。你是怎么想的呢？"

她回答说："我觉得我和上司在某些方面不太合得来。例如，我完成的一份文件，在我看来没有任何问题，但他总能挑出毛病，可我觉得我的方式比他提议的方式明显更好。总之，我们的想法存在很大的差异，真的很难一起工作。"

我认真地点着头，仔细地听着，内心却有些无语。每年换一次工作的原因竟然是这个，真是让人无言以对。

也许是出于职业病，我开始思考她为什么会有这种心理状态。后来我们又聊了很多，最后我断定，其中很大一部分原因出自她的父亲。

她说，从小时候开始，父亲就经常告诉她："你最棒了。""你做得很好。""没有人比你更聪明了。""你的判断力很强。""你的想法总是对的。""你怎么这么聪明呀。"

由于从小听着父亲不切实际的肯定长大，她深信自己确实如此优秀。当上司指出她的不足并提出建议时，她却认为上司的想法是错误的，是他与自己的想法不合。她没有选择弥补自己的不足，努力成为熟练、务实的人才，而是选择避开与自己想法不同的人。但是，去了其他单位就能避免受到上司的批评了吗？每次遇到这种情况，她的反应都是一样的，选择也是一样的。

从这个例子中我们可以看出，正是父亲不切实际的肯定导致了我朋友不断跳槽这种不成熟的行为。

为了孩子的未来，家长应该避免给予空洞、不切实际的肯定。

空泛的肯定使人沮丧

当细心的孩子听到空泛的肯定时，他们可能会感到父母并没有真正关心自己。这些孩子往往能够敏锐地察觉对方的声音、语气和表情，从而产生强烈的情绪波动。因为空洞、不切实际的肯定缺乏真诚和责任感，反而会让孩子感到受伤。

自我效能感或自信心较低的孩子，在听到空泛的肯定时，可能会产生沉重的心理负担。他们在这种评价面前很难轻易尝试新事物或展现自己。这不仅会加剧他们原本就怯场的情况，还会使他们变得更加无力和沮丧。

作为父母，为什么我们经常给予孩子空泛的肯定？

作为最具代表性的归因理论家和社会心理学家，伯纳德·韦纳认为，个人对于之前成功和失败的解释方式，会对他们的行为产生显著影响，从而导致不同的结果。这种归因方式是因人而异的，因为人们对于行动原因的认知可能是具体的、特定的，也可能是一般的、概括的。这决定了他们解释成功和失败的方向也会有所不同。

那么，你通常从哪里寻找行动的动机呢？通过下面的问卷，你可以深入了解自己对孩子身上发生的事情的归因方式。

我的归因倾向（解释原因的方式）是……

① 根据给出的特定情况，想象你的孩子。

② 思考孩子发生状况的原因，并填到横线上。（如果有多种原因，只需要写下最主要的原因。）

③ 有关填入的原因的两个子问题均需作答。

④ 在 1~7 分的数字栏中，用灰色块来表示相应的程度。

特定情况：想象你的孩子在游戏中输了。

你认为出现这种情况的**最主要的原因**是什么呢？

[原因] 因为我的孩子没有努力。

❶ 横线上的原因只会对上述情况产生影响，还是对其他情况也会产生影响？

只会对上述情况产生影响	1	2	3	4	5	**6**	7	对很多其他情况也会产生影响

❷ 对于横线上填入的原因,你认为孩子有多大可能改正?

| 完全不可能改正 | 1 | 2 | 3 | **4** | 5 | 6 | 7 | 可以很好地改正 |

1. 想象一下:你的孩子在学校对其他孩子说了某些话,其他孩子都开始嘲笑你的孩子。

你认为出现这种情况的**最主要的原因**是什么呢?

原因 _____

❶ 横线上的原因只会对上述情况产生影响,还是对其他情况也会产生影响?

| 只会对上述情况产生影响 | 1 | 2 | 3 | 4 | 5 | 6 | 7 | 对很多其他情况也会产生影响 |

❷ 对于横线上填入的原因,你认为孩子有多大可能改正?

| 完全不可能改正 | 1 | 2 | 3 | 4 | 5 | 6 | 7 | 可以很好地改正 |

2. 想象一下:你的孩子打算参加美术大赛,最后却没能提交自己的作品。

你认为出现这种情况的**最主要的原因**是什么呢?

原因 _____

❶ 横线上的原因只会对上述情况产生影响,还是对其他情况也会产生影响?

| 只会对上述情况产生影响 | 1 | 2 | 3 | 4 | 5 | 6 | 7 | 对很多其他情况也会产生影响 |

❷ 对于横线上填入的原因，你认为孩子有多大可能改正？

| 完全不可能改正 | 1 2 3 4 5 6 7 | 可以很好地改正 |

3. 想象一下：你的孩子在家里玩耍时，你大声地批评他。

你认为出现这种情况的**最主要的原因**是什么呢？

原因＿＿＿＿＿＿＿＿＿＿＿＿＿＿＿＿＿＿＿＿＿＿

❶ 横线上的原因只会对上述情况产生影响，还是对其他情况也会产生影响？

| 只会对上述情况产生影响 | 1 2 3 4 5 6 7 | 对很多其他情况也会产生影响 |

❷ 对于横线上填入的原因，你认为孩子有多大可能改正？

| 完全不可能改正 | 1 2 3 4 5 6 7 | 可以很好地改正 |

4. 想象一下：你的孩子做完了数学作业，结果做错了很多题。

你认为出现这种情况的**最主要的原因**是什么呢？

原因＿＿＿＿＿＿＿＿＿＿＿＿＿＿＿＿＿＿＿＿＿＿

❶ 横线上的原因只会对上述情况产生影响，还是对其他情况也会产生影响？

| 只会对上述情况产生影响 | 1 2 3 4 5 6 7 | 对很多其他情况也会产生影响 |

❷ 对于横线上填入的原因，你认为孩子有多大可能改正？

完全不可能改正	1	2	3	4	5	6	7	可以很好地改正

5. 想象一下：你的孩子走在走廊上，突然跌倒了。

你认为出现这种情况的**最主要的原因**是什么呢？

原因 _____

❶ 横线上的原因只会对上述情况产生影响，还是对其他情况也会产生影响？

只会对上述情况产生影响	1	2	3	4	5	6	7	对很多其他情况也会产生影响

❷ 对于横线上填入的原因，你认为孩子有多大可能改正？

完全不可能改正	1	2	3	4	5	6	7	可以很好地改正

6. 想象一下：有一天放学后，孩子的班主任对你说，他对你的孩子非常失望。

你认为出现这种情况的**最主要的原因**是什么呢？

原因 _____

❶ 横线上的原因只会对上述情况产生影响，还是对其他情况也会产生影响？

只会对上述情况产生影响	1	2	3	4	5	6	7	对很多其他情况也会产生影响

❷ 对于横线上填入的原因,你认为孩子有多大可能改正?

| 完全不可能改正 | 1 | 2 | 3 | 4 | 5 | 6 | 7 | 可以很好地改正 |

7. 想象一下:你的孩子和朋友们一起做运动,但他总是做不好。

你认为出现这种情况的**最主要的原因**是什么呢?

原因 _____

❶ 横线上的原因只会对上述情况产生影响,还是对其他情况也会产生影响?

| 只会对上述情况产生影响 | 1 | 2 | 3 | 4 | 5 | 6 | 7 | 对很多其他情况也会产生影响 |

❷ 对于横线上填入的原因,你认为孩子有多大可能改正?

| 完全不可能改正 | 1 | 2 | 3 | 4 | 5 | 6 | 7 | 可以很好地改正 |

8. 想象一下:你和孩子一起去购物,结果发生了争吵。

你认为出现这种情况的**最主要的原因**是什么呢?

原因 _____

❶ 横线上的原因只会对上述情况产生影响,还是对其他情况也会产生影响?

| 只会对上述情况产生影响 | 1 | 2 | 3 | 4 | 5 | 6 | 7 | 对很多其他情况也会产生影响 |

❷ 对于横线上填入的原因，你认为孩子有多大可能改正？

完全不可能改正	1 2 3 4 5 6 7	可以很好地改正

通过该问卷调查，父母可以了解在孩子做出某种行为时，自己是在具体、可控制的方面总结其原因，还是在笼统、空洞的方面进行归因。

在子问题❶中，分数越低于4表示越倾向于具体、可控制的归因方式，分数越高于4则代表越倾向于笼统、空洞的归因方式。而子问题❷的情况与子问题❶相反，分数越低于4代表越倾向于笼统、空洞的归因方式，分数越高于4则代表越倾向于具体、可控制的归因方式。

也就是说，子问题❶中的分数越低，子问题❷中的分数越高，表明父母的选择越明智。

如果子问题❶的总体得分超过32分，这表明父母不认为孩子的问题可控。同样，如果子问题❷的总体得分低于40分，这也表示父母不认为孩子的问题可控。在这种情况下，父母可能很难给予孩子充分的赞扬和鼓励。但请记住，这完全可以通过练习来改变。对于孩子的问题，我们应该深入思考其背后的原因，并用温暖的话语和鼓励来支持他们。

伯纳德·韦纳和不少心理学家都认为，一件事的成功或失败，取决于人是从具体、特定的角度寻找原因，还是从一般、概括的角度进行归因。只有深入分析成功或失败的具体原因，人的成就感才会得到提升，情绪才会更加稳定，动机才能增强。

具体的肯定，提供有益信息

当孩子第一次学会骑自行车时，如果父母只是简单地赞扬他们骑得好或做得好，孩子可能会错误地认为自己天生就具备出色的骑行能力。然而，当他们下次骑车时遇到困难，比如频繁摔倒或无法前进，自我认知的落差可能导致孩子感到困惑和失望。因为，他们原本以为自己在骑行方面很擅长，实际表现却并非如此。

面对这种情况，孩子们的反应各异。一些孩子可能会因为无法达到自己的预期而感到羞愧，于是干脆选择放弃；一些孩子则为了证明自己的能力而不断尝试，即使经历多次摔倒，甚至膝盖和胳膊都摔破；一些孩子可能只在没有旁观者的情况下偷偷练习，以避免被他人看到自己的失败；还有一些孩子可能会埋怨自行车不好，并要求父母为自己更换一辆好的自行车。

事实上，孩子的以上反应都不太理想。不过，父母不能单纯责怪孩子，因为一开始父母的肯定方式就有问题。如果最开始父母像如下这样肯定孩子，会不会好很多呢？

"这次你很好地掌握了重心,成功地学会了骑自行车!"

这样,孩子便会意识到,只有掌握好重心才能骑好自行车,下次骑的时候就会注意这一点。经过强化练习,孩子会慢慢成为骑自行车的高手。

在肯定孩子时,我们应该做到具体和详细。

当孩子在背诵环节取得好成绩时,比起简单地说他们因为聪明而背诵得好,我们可以称赞他们的记忆方法很棒。当孩子画得好时,我们不仅可以说画得不错,还可以指出他们使用的颜色、构图和笔触等方面的优点。在肯定孩子的性格时,比起泛泛而谈,我们可以具体地赞扬他们的行动,比如"你很懂得谦让""你很会照顾人""你的回答很得体"。

这样的肯定更具体、更具有针对性,能够更好地帮助孩子认识自己的优点和长处。

具体而细致的赞扬,对孩子的优点和努力给予极高的重视,不仅能够让孩子深切地感受到父母的信任和关爱,还有助于丰富他们的内心世界。

在父母对孩子最为关心和担忧的学习方面,以及生活态度方面,肯定都应该如此。希望父母们能够明白,具体的肯定不仅是一种鼓励,更是指导孩子掌握更好的方法和要领的重要途径。

当然,在批评的时候也应该如此。无论是肯定还是批评,都应该包含有用的信息。"你很聪明""你太笨了""你很慢""你很快""你是完美的人"等简单的判断,并不能帮助孩子提高学习。当孩子成功时,父母应该告诉他们成功的原因;当孩子失败时,父母应该指出问题所在,比如"你的方法有问题""你的时间安排得不合理",以便孩子从中吸取教训并解决问题。

综上所述,具体的赞扬能够让孩子明确自己的擅长之处,并不断进行强化。同时,它还能够引导孩子思考自己的不足之处,从而逐步改进和提升。所以父母在肯定孩子时,应避免简单的判断,最好提供具体的信息,以帮助孩子成长和发展。这样的肯定才是激发孩子成功欲望的最佳方式。

学会夸过程，而不是结果

10岁的小赫做事的时候总是喜欢不停地向别人提问。比如他的目标是完成十来个任务，那么每完成一个他就会问：

"我的表现好吗？"

"这次是不是不太好？"

"你觉得谁做得最好？我能排第几名？"

很多时候，往往什么事都还没做好，他就会这样问。对他来说，重要的似乎只有最终的评价或排名。无论任务是否有趣，他关注的焦点始终是"我做得好还是不好"的评价，而不是解决问题的喜悦。我发现，他在做事情的过程中，缺乏对事情的真正投入和意义赋予。

做任何事都如此，没有过程就不会有结果。然而，小赫似乎完全不理解这一点。

实际上，这种情况并不罕见。比如许多父母总是只关注结果，却忽略了过程中的鼓励和赞扬，过于依赖结果来评价孩子。

要知道，随着情况的转变，结果也可能随之变化。因此，过程显得尤为重要。只要过程扎实，持续努力，就有很大的机会改变结果。父母应该引导孩子重视并专注于过程，这样才能更好地实现目标。

在现实生活中，许多父母仍然过分关注孩子的分数、获奖和排名等结果，只有孩子取得了好成绩，他们才会给予肯定。这种做法会导致孩子认为，只有成绩才能衡量自己努力的价值。非常遗憾的是，为了得到父母的认可和肯定，一些孩子甚至会选择不正当的手段，比如说谎或作弊。在这样的环境下，孩子常常面临巨大的心理压力，这种压力甚至可能让他们患上心理疾病。

之前提到过，如果父母倾向于将孩子的成绩归因于能力，而不是努力，孩子可能会过于关注评价目标，而不是学习目标。这样，他们会缺乏挑战新课题或困难课题的意愿。孩子如果缺乏挑战和目标意识，他们就没有对未来的憧憬和梦想，很难拥有美好的未来。

父母如果只关注结果并以此作为肯定孩子的依据，会得到与归因于能力相同的结果。这种做法会让孩子将全部精力放在提高成绩上。最终，他们可能成长为只看重评价目标的孩子。更糟糕的是，孩子可能会因为害怕被评价而畏首畏尾，不敢尝试和挑战，甚至找借口来逃避挑战。

作为父母，我们要懂得以过程为导向的肯定策略。

以执行过程为中心进行肯定，孩子就会认识到，只有忠实于过程才能取得好的结果。这意味着，他们需要将失败视为一个过程中的一部分，然后付出更大的努力来取得更好的结果。肯定过程与努力归因是一致的，它们都强调了努力和过程的重要性。

然而，以过程为中心进行肯定并不像想象中那么简单。"你通过努力，终于取得了好成绩！"有时候这样的表达会让孩子觉得我们敷衍，甚至让我们碰一鼻子灰。为了更有效地肯定过程，我们需要深入了解过程中所包含的细节，需要关注孩子在开始做某事时的决心、制订的计划、实施的过程和有效的策略等。

这也意味着，在孩子取得某些成绩的过程中，我们需要细心留意和多多观察。要想肯定过程，就必须对过程给予足够的关注。肯定过程不仅仅是对结果的肯定，更是对孩子在过程中的付出和努力的认可。我们要关注孩子做一件事情时的每一个环节，我们要关心孩子每一次小小的努力和尝试，并及时给予必要的肯定和鼓励。

如果我们始终关注孩子做事情的过程，我们就能敏锐地察觉到孩子的情感变化。当孩子对任务的结果感到担忧时，我们应该提醒他们，努力的过程比结果更重要。在孩子解决一道难题时，我们应该与孩子共同分享那份喜悦。与只关注结果的父母不同，了解过程的父母会更赞赏孩子的辛勤付出。

当然，在肯定孩子时，我们需要考虑他们的水平和年龄，以适当地调整肯定的难易度。

对幼儿来说，过程和结果的概念可能还过于抽象，他们还无法完全理解为什么努力的过程比结果更重要，甚至不知道什么是结果，什么是过程。

对幼儿强调过程的重要性，无异于对牛弹琴。与其直接告诉他们过程比结果更重要，不如让他们在实践中自然地领悟。例如，在完成某个作品时，我们可以与孩子一起讨论整个过程。即使最终结果不尽如人意，我们也要肯定孩子在创作过程中每个阶段付出的努力，并具体地称赞他们在某一方面的表现。通过这种方式，让孩子逐渐意识到努力和过程的重要性，并培养他们的自信心和创造力。

对于更小的孩子，我们可以选择为他们读书，特别是那些描述通过多个阶段最终取得成功的故事。在听故事的过程中，孩子会逐渐认识到过程和努力的价值。

当然，对于年龄大一些的孩子，让他们在实践中领悟过程的重要性也是一种好方法，比如棋类游戏就是一个不错的选择。这类游戏尽管难度较大、挑战性高，玩起来可能需要较长的时间，但能够培养孩子的耐心和思考能力。在游戏中，我们可以鼓励孩子分阶段地取得成就，这样他们就能更好地体验到努力和成长的过程。

我们要知道，使用所有这些方法的前提都是父母仔细观察孩子在做事情过程中的表现。作为父母，我们需要了解孩子正在做什么、如何做，以及为什么要做。如果我们不知道孩子在学习什么、如何解答问题，甚至不知道为什么他们要解答这个问题，那么我们就没有资格去评价他们表现的好坏。

如果上司在 30 秒内就浏览完你熬夜制订的企划案，然后轻蔑地说这份企划案没有任何价值，你一定会感到非常沮丧和失望。你可能会对上司产生怨恨，甚至开始厌恶去公司上班。在这个过程中，你的社会生活也可能亮起红灯。被父母无视过程的孩子，也会产生类似的情感。

父母都不希望孩子只是凭侥幸答对问题，或者通过作弊来获得满分。在孩子的学习上，父母应该时刻关注孩子的学习过程，珍惜他们的努力和付出，帮助他们培养积极的心态，建立正确的价值观和行为习惯，让他们真正地成长和进步。

肯定那些可控的努力

有一则民间童话,叫《大豆红豆传》。大豆女(也译为土豆女、黄豆女)渴望跟随继母和红豆女去参加别人的婚礼,但继母给她安排了一大堆艰巨的任务,其中之一便是给有洞的缸装满水。大豆女面对这个几乎不可能完成的任务,感到无比绝望和无助,只能不停地哭泣。

当然,童话中有蟾蜍适时出现,帮助大豆女渡过了难关。但在现实生活中,这样的幸运几乎没有可能发生。就算偶尔受到幸运女神的眷顾,也不能化解所有矛盾和危机,因为这样的幸运时刻是少有的。

不可控的状况让人变得消极

如果大豆女不是在童话故事中,而是在现实生活中遇到这样的困难，她很可能早早便放弃给破缸灌水的任务。她会像童话中描述的那样，在有洞的大缸旁边不停地哭泣，然后心灰意冷地离开。或者，她会生气地抱怨："这种任务怎么可能完成？"然后一气之下把缸砸碎。现实，往往比童话更加残酷。

无法控制的情况会让人感到无助，不仅会让人放弃任务本身，还会对自己的生活、价值和存在产生怀疑。一个人如果无法控制自己的状况，就会出现动机、认知和情绪上的困扰。

在孩子身上，这可能会表现为一种非常消极的自我概念，即"习得性无助"。什么是习得性无助？它指的是面对失败时，认为无论自己如何努力，都注定失败。随着失败次数的增加，孩子会给自己贴上"我真笨"的标签，将失败归咎于自己，并感到绝望和羞耻。他们认为没有人能够帮助自己，所以不会向他人寻求帮助，慢慢地就失去了斗志。

这样的孩子通常会表现出放弃的姿态，因此经常被误认为是厌学的孩子。但需要注意的是，我们应当区分两种情况：一种是因为讨厌学习而放弃的孩子，另一种则是用防御的方式回避学习的孩子。对于前者，原因对孩子来说可能难以改变；而对于后者，很多时候是因为孩子被周围的环境或人忽视，如果能够得到周围人的帮助，他们有很大的可能性改善。这不仅是父母，也是教师需要正确判断的问题。

比起孩子的"能力",更应认可孩子的"努力"

在肯定孩子时,我们应将重点放在他们的"可控领域"上。在孩子的学习过程中,他们能够自我调节的最大部分就是"努力"。通过努力,孩子可以发现对成功影响最大的因素,从而获得巨大的成就感。

在探讨孩子成功的原因时,如果说从他们的能力中寻找原因属于"能力归因",那么从他们的努力中寻找原因则可以被称为"努力归因"。

当孩子成功完成某项任务时,比起肯定他们"你真聪明","你完成了一项艰巨的任务"这样的说法更容易激发他们的进取心。简而言之,孩子真正需要的肯定来自努力归因,而非能力归因。天赋的智力是相对固定的因素,但努力完全取决于个人如何进行自我调整和改变。让孩子在自己能够掌控的努力中寻找原因,会使他们感到更加有信心。

当父母把成绩归因于努力来肯定孩子时,孩子会将学习重心放在努力上。如果未能达到预期的成绩,他们会更加努力,以追求更高的目标。这种做法有助于端正孩子的学习态度,提高他们的学习能力。即使面对失败,孩子也会从自身努力的不足中寻找原因,深信只要付出更多努力,必定能够取得成功。

相反,如果父母习惯于将成绩归因于孩子的天赋或能力,孩子在面对各种挑战时，会倾向于从自己的能力或天赋中寻找成功或失败的原因。这其实是一个陷阱。孩子容易认为，成功或失败是由先天的能力决定的，即使付出再多的努力、进行再多的挑战也没有意义。一旦遭遇失败，他们很容易把问题归咎于自身的能力不足，进而陷入深深的自我怀疑和沮丧之中。

通过观察孩子的目标倾向，我们可以进一步验证能力归因和努力归因对他们的影响。如果孩子总是受到能力的肯定，他们可能会倾向于设定评价目标，而不是学习目标。但是，如果孩子经常因努力而受到肯定，他们会更倾向于将学习目标而不是评价目标放在首位。

努力归因的重要性

心理学教授卡罗尔·德韦克通过一系列实验，深入研究了儿童期的成就动机，并强调了努力归因的关键作用。

在实验中，她观察到注重学习目标和评价目标的孩子在学习态度上存在显著差异。为了进一步探究这一现象，她将小学五年级的学生分为三组，并让他们完成10道题目。对于第一组学生，她表扬了他们的能力；对于第二组学生，她赞扬了他们的努力；而对于第三组学生，她并未给予任何形式的表扬。随后，她让孩子们从以下四个选项中选择一项任务：

1. 题目相对简单，应该不会错太多。
2. 题目非常简单，肯定能全对。
3. 题目难度适中，可以展示出我有多聪明。
4. 题目难度稍大，但通过努力可以学到很多技能。

四个选项中，1、2、3代表评价目标，4代表学习目标。

实验结果显示，能力归因的学生主要选择了评价目标，而努力归因的学生则更倾向于选择学习目标。对于选择学习目标的孩子来说，学习如何解决新难题是至关重要的。他们认为，如果题目过于简单，很容易就能做对，那么就没有必要做这类题了。相比之下，选择评价目标的孩子由于过度关注他人对自己的评价，因此更倾向于选择容易的题目来获得理想的分数。

根据卡罗尔·德韦克教授的实验结果，我们发现，过度肯定孩子的能力可能会导致他们对挑战新的难题产生畏惧心理。任何父母都不希望自己的孩子成为一个害怕面对挑战的人。然而，不幸的是，许多父母在不经意间剥夺了孩子面对挑战的能力，导致他们变得畏缩不前。

"你这次数学考了100分，真棒！对了，这次得100分的一共有几个同学？"

"你考了100分,按照约定,妈妈会给你买礼物的。如果你下次还能考100分,我还会给你买礼物。"

许多父母就是通过这种方式不断向孩子提出评价目标的。但是,如果将得到高分作为唯一的目标,孩子就会失去其他挑战的动力。为了培养孩子喜欢挑战困难、不轻易放弃的精神,父母应该立即改变肯定的方法。这个时候,其实只需简单地说一句——

"你的努力没有白费,这次的数学考得不错,我为你感到骄傲。"

>>> 第 4 章
肯定的六项技巧

肯定并不是一件多么困难的事情,
不需要花费大量的时间,
也不需要投入过多的心力,
只要你将注意力集中在孩子身上,
用积极、充满希望的语言表达出来即可。

如果觉得用语言来表达有些困难,
那么,可以用表情或行动来展现你对孩子的赞赏和鼓励。

谁都不喜欢你的机械敷衍

机械敷衍的肯定只会成为无意义的噪声。

你是否曾在孩子自豪地递过奖状时,因正在洗碗、看电视或者准备外出,只是简单地说了一句"不错"?你是否曾在孩子兴奋地拿着考了满分的试卷跑到你面前时,用心不在焉的表情和语气来敷衍了事,没有给予他应有的关注和肯定?在这种情况下,你并没有真正地肯定孩子,有的只是表面的应付而已。

习惯性的称赞不是真正的肯定

要让肯定发挥应有的作用,我们需要在说话之前用心去思考,并且让孩子感受到我们的真诚。我们不能因为孩子年纪小、比较单纯或者不够成熟,就认为他们无法分辨真心的肯定和虚伪的敷衍。事实上，孩子们往往能够敏锐地察觉到缺乏真诚的肯定。

"妈妈总是一直夸些没用的，听得我都有点烦了。我觉得我只是做了一件很普通的小事，没什么了不起的，比如做加法，这个谁不会啊？可妈妈会一直夸我这个，我听了就会很生气。"一个8岁的女孩这样说。

可能女孩每做完一道题，父母就会说"真棒""做得好""真聪明"之类的话。俗话说，好话听多了也会腻。更何况这种机械式的反复肯定，对女孩来说更接近于一种噪声。

在日常生活中，我们经常听到一些表面的肯定和美好话语。比如，当进入大型超市购物时，服务员们会机械式地说："你好，欢迎光临！祝你度过愉快的一天！"尽管这些话语听起来很悦耳，但很少有顾客会相信这是他们真心的祝福。相反，大多数人认为这只是服务员在义务性地履行自己的职责，只是一种表面的客套话。换言之，这只是一种"口惠"（lip service，空口的应酬话）。

当言语难以表达肯定，请用表情和行动来展现

没有真情实感的肯定和超市服务员们机械式说的"祝你度过愉快的一天"的话语是一样的，孩子能从中察觉到父母的敷衍。

肯定必须充满真情实感，如此，父母才能真正对孩子付出的努力产生共鸣。真实的肯定能够给予孩子宝贵的反馈和指引，帮助他们明确前进的方向，成为他们成长道路上的得力助手。

如果你觉得自己的口才不够出色，难以表达自己的心意，也可以尝试利用其他非语言的方式来表达。比如，手势、表情等身体语言都是有效的沟通方式。有时候，即使是一句话，通过不同的语气和表达方式也能传达出完全不同的意思。如果担心自己的表达能力会给人带来误解，选择非语言的方式或许更为合适。

有时候，我们不需要通过言语来表达情感，一个真诚的微笑就足够了。微笑能够传递真心，实现心意相通。抚摸、拥抱、拍打等肢体接触也是非常有效的非语言表达方式，它们能够更快地传达我们的心意。

比如通过肢体接触，孩子会感受到自己是被爱和被认可的，父母的爱意表达是直白的。相反，如果没有鼓励的动作，而只是空洞的口头肯定，孩子可能会觉得没有得到父母的关爱或被忽视。

若要真心肯定孩子，首先需要深入了解他们的内心世界。我们需要关注孩子的感受，并给予认可。只有这样，当孩子对自己的成功或快乐经历感到幸福或自豪时，我们才能做出敏感而细致的反应。否则，**即使我们支持和帮助孩子的意图是好的，但如果**

时机或方式不当，不仅无法达到预期效果，而且可能让孩子感到不安和不舒服。

肯定的另一种形式——鼓励

肯定，不仅仅是对表现良好的认可，也可以成为对表现不理想的一种激励。当孩子展现出不理想，或与平常不同的行为时，我们同样可以利用肯定来激发他们的积极性。当然，如果孩子做出错误的行为，我们就不能给予肯定了，这时需要采取一种"不同的肯定"，这就是鼓励。

当孩子表现出嫉妒、悲伤或愤怒的情绪时，我们不应该立即否认他们的感受，而是应该给予认可和帮助。嫉妒往往源于对别人的羡慕，但也包含"我也想变得优秀"的愿望。因此，与其批评孩子的嫉妒心理，不如深入了解他们为什么会这样，他们想要的是什么。我们应该对其中值得提倡的部分给予鼓励，对不值得提倡的部分则共同思考对策，给孩子提供帮助。

"因为××比你更优秀，所以你感到很难过对吗？你也想展现出最好的自己，对吗？那么，我们应该如何做呢？妈妈和你一起练习怎样？"如果孩子能够感受到父母这样的心意，他们就有很大的改善空间，然后朝着理想的方向前进。简而言之，嫉妒不应该被指责或责骂，而应该得到安慰和鼓励。

另外，当孩子无法与朋友和睦相处，并对此感到内疚和难过时，父母应该接受并认同孩子的这种感受。如果孩子希望自己解决这个问题，父母就要学会耐心等待，同时给予他们足够的时间和空间。

万万不可伤害内在动机

在完成一件事情时,我们通常会感到快乐,并产生想要更加努力的想法,这是因为内在动机在驱动着我们。我们按照内在动机去行动,做任何事情都会感到高兴和有意义。

然而,有些父母的肯定不仅没有提升孩子的内在动机,反而强化了外在动机。例如,当孩子成绩提高时,他们对自己的学习成果感到满足和自豪,这是内在动机的表现。如果孩子是为了获得父母的物质奖励或赞扬而努力学习,这种动机就变成了外在的。这种外在动机的强化可能会破坏孩子原本纯粹的内在动机。

为了让孩子在某件事情上感受到幸福,我们必须让他们根据自己的内在动机去行动。只有这样,才能让他们既确保效率性,又获得满足感。

很多父母不可能不明白这一点,但为了达到眼前的目标,他们往往会采用奖惩并用的方式,比如既打棍子,又给甜枣。因为他们相信这种方式能在短时间内产生最显著的效果。要知道，这种方式只是权宜之计，对于孩子的持续成长来说，最重要的是激发他们的内在动机。

给肯定去芜存菁

为了不伤害孩子的内在动机，我们需要避免对表扬进行"污染"。意思是，不要在肯定中加入多余的成分。真实的肯定，应该纯粹地以肯定开始，也纯粹地以肯定结束，否则可能会带来比指责更令人不快的信息。例如：

"这次的成绩真不错。你怎么不早点表现出这种实力呢？"

"房间收拾得很干净，就是不知道你能保持多久。我可是会盯着你的哦。"

"这次考了95分，比上次的90分好，但要是能得100分就更好了。"

"画得真好，但如果这里用褐色而不是黄色的话，感觉会更好一些吧。"

"恭喜你当上副班长了，如果能像哥哥一样当上班长就更好了。"

这是那些不擅长肯定的人经常犯的错误，导致应该如实传达的表扬被"污染"了。

将肯定的焦点放在孩子身上

在肯定孩子时，我们应当避免强调父母。肯定的核心应放在孩子自身或他们的行动上，而不是迎合父母的期望或愿望。然而现实中，我们往往容易犯一个错误，即将肯定的对象变成父母自己。比如：

"你能这么做，我感到很幸福。"
"你能陪在妈妈身边，妈妈很高兴。"
"这就是我希望看到的，我很高兴。"
"你的成绩提高了，爸爸一定会高兴的。"

这种肯定是典型的将焦点对准父母。这些话语中并没有真实地肯定孩子的努力和成果，而是试图让孩子迎合父母的标准和期望，或者让孩子因为实现了父母的愿望而感到幸福。有些父母甚至会向孩子传达这样的信号："因为这次你表现不错，今后我才会更加爱你。"

在肯定孩子时，我们不应该将自己的梦想或愿望与孩子的成功相混淆。孩子不是父母的所有物，而是独立的、正在成长的人格体。**我们应该赞赏和鼓励孩子努力成为更好的自己的过程，而不是将肯定的焦点放在他们是否符合父母的意愿上。**如果父母总是按照自己的意愿来肯定孩子，孩子可能会永远依赖父母的认可，精神上无法独立。

在肯定孩子时，我们应该将焦点放在孩子身上，并重点关注他们的行动和想法。正确的肯定，应该直接针对孩子的表现和努力，例如：

"你找到了解决这个问题的办法，真的很了不起！"
"今天的作业完成得真不错，我为你感到骄傲。"
"你洗了碗还扫了地，这么懂事啊！"

这才是我们肯定孩子的正确方式。

为了不伤害孩子的内在动机，我们还需要注意一点：在孩子取得成功时，不要过分强调父母的作用。孩子取得的成绩是他们自身努力的结果，父母的作用和决策只是孩子成功的催化剂，并不是孩子获得好结果的决定因素。然而，很多父母常常用这样的话来破坏孩子的内在动机。例如：

"你看看,我早就说过,如果你用心好好学习,成绩肯定会提高。"

"我说过,你在这方面很有才华。我很早就发现你的特长了。"

"妈妈为你做了那么多,你不觉得很感谢吗?"

"每天晚上我都为了陪你做作业而牺牲自己的休闲时间,现在我终于得到回报了。"

将孩子的成功归功于父母的做法是不恰当的。实际上,就算父母在孩子完成某个任务的过程中给予了决定性的帮助,也应该让孩子自己去体验成功的果实。

让孩子谈论自己的成功也是激发其内在动机的一种方法。我们应该告诉孩子,谈论自己的成功并不等同于自大或骄傲。对良好结果感到满足,以及对自己的赞美和鼓励,都是一种健康的表达。

当孩子表现出色时,我们可以这样问他们:

"你一定感到很自豪吧?"

"你觉得你哪里做得最好?"

"你想听到怎样的肯定?"

通过这样的方式，我们可以引导孩子表达他们对成功的喜悦。如果孩子明确表示他们在某个方面希望得到肯定，我们应该尽量满足其要求。

尤其对于女孩来说，她们经常低估自己的成绩。有研究显示，尽管男性和女性在实际能力上没有显著差异，但由于社会环境的影响，女性相较于男性有时会不信任自己的判断。不过，这种情况是可以通过适当的引导和纠正来改善的，因此不必过于担忧。这也正是为什么对女孩来说，给予她们真诚的赞扬和鼓励尤为重要。

用肯定唤醒孩子的内在动机

内在动机是孩子专注于某事的动力来源，正确激发孩子的内在动机，往往能够让那些即使花费大量金钱和时间也无法实现的事情成为可能。

在教育孩子的过程中，我们应当注意避免因为过度的奖励而损害孩子的内在动机。不能仅仅看重结果，而应该引导孩子关注过程和自身的成长。同时，也应该避免让孩子产生一种为了得到父母的爱而必须如何做的观念。

为了进行有效的肯定，我们首先要明确肯定的目的。**肯定的**

真正意义在于激发和强化孩子的内在动机，促使他们积极向前。

我们需要问自己，肯定孩子真的是为了孩子的成长吗？我们是否出于控制孩子的目的，或者希望通过肯定，让孩子满足我们的个人期望？如果内心深处隐藏着这样的想法，那么我们就偏离了肯定的真正意义。因此，在肯定孩子的时候，我们应该把焦点放在孩子身上，关注他们的行动和思考方式，以此唤醒他们的内在动机。

避免比较,比较是偷走快乐的贼

无处不在的比较

"听说隔壁的小勋考试考得不好,而我们家东民得了满分!"

"你比姐姐棒!"

肯定的时候,有些父母总喜欢这样和别人比较。有的父母在肯定孩子的时候还会和自己进行比较。

"我小时候也和你一样聪明。"

"妈妈小时候体育很好,你擅长运动是应该的。"

如果将孩子与他人进行比较,会给孩子带来负担感和无力感,我们绝对不应该通过比较来肯定孩子。肯定应该仅仅关注孩子自身所取得的成果,肯定他们的努力和进步。

那么,下面的肯定怎样?

"智英是我们家的智慧星,智勋是我们家的运动健将。"

尽管父母看似公平地肯定了两个孩子，但实际上，这种肯定中也隐含了对两者的比较。因此，产生相反的效果是不可避免的。在这种情况下，孩子在为自己在某些方面感到自豪的同时，可能会在其他领域抑制自己的潜力，不愿意付出努力。

避免比较，避免打击

每个孩子都有自己独特的性格和特点，他们在不同情况下的行动和反应各不相同，成长和发展路径也不尽相同。因此，将孩子与其他人进行比较会阻碍他们的自信心发展，即使是出于肯定的目的，也最好不要这样做。

在某些情况下，如果我们确实需要进行比较，建议与孩子自身的发展过程进行比较。例如，我们可以肯定孩子"比以前进步了很多""制作了比以前更有创意的作品""比以前更加努力了""比以前更加专注，学习效率更高了"等。这样的肯定可以帮助孩子认识到自己通过努力取得了很大的进步，从而激发他们的内在动机，起到积极的激励效果。

在肯定孩子的过程中，父母不应该进行任何形式的判断或指责，无论是针对他人还是孩子自己。没有一个孩子希望通过贬低他人来获得肯定，而对于受到父母判断或指责的孩子来说，所受到的打击更是沉重。

一个6岁女孩的话很好地向我们展示了这一点:"我爸爸每次来我上的芭蕾舞学习班,都会对朋友们指手画脚。当然,我也包括在内。'那个女孩太胖了,那个女孩动作太僵硬了,那个孩子好像做得最好……'每次爸爸一过来,我就开始生气,也不怎么跳舞了。我最高兴的时候是爸爸不能来的时候。"

除了成绩，还有很多闪光点

肯定他人，需要经常练习。正如那些经常品尝美食的人更懂得欣赏美味一样，经常给予和接受肯定的人也会更加擅长肯定他人。

每当我建议别人"在日常生活中，要经常、反复地肯定孩子"时，很多人会说他们找不到自家孩子值得肯定的地方。这种说法真的让人感到悲伤，因为它不仅低估了孩子的价值，而且表明了父母对孩子缺乏应有的关注和爱。

不少父母难以找出自己孩子身上值得肯定的点，甚至需要花上一整天的时间才勉强回想起几件值得赞扬的事情。其实，只要我们平时对孩子的言行多加观察，与他们进行交流，就会发现孩子身上有很多值得肯定的地方。

从小事开始肯定

多和孩子交流他们的喜好、目标、价值观及担忧的事情,能够帮助我们发现孩子身上丰富多彩的特质和不易察觉的优点。记住,值得我们肯定的并不仅仅是孩子的成绩和奖状,世界上有太多宝贵的东西值得我们去认可和赞赏。

孩子的想法和意见是极具价值的,即使是小事,父母也应该鼓励孩子自由地表达自己的意见。如果孩子能够清晰地表达自己的观点,并且能够冷静地倾听他人的意见,那么父母可以给予他们具体的肯定,帮助他们建立自信,激发他们积极行动的动力。

有些父母会批评胆小的孩子,责备他们做事扭扭捏捏,说起话来声音像蚊子。在这种情况下,首先应该反思的是父母,是否给予孩子充分的机会来表达自己的意见。要知道,那些能够在众人面前自信地表达自己想法的孩子,往往是在家庭中得到了很多这样的机会。

即使是很小的事情,只要我们发现并肯定孩子的优点,就能给予他们很大的鼓励。有的孩子心里也清楚,自己的成绩并不是出类拔萃的,这时如果孩子完成一些小挑战或取得小小的成功,父母的肯定便显得尤为重要,它能够提供一种积极的补充。不断经历这样的过程,孩子将学会寻找自己的闪光点,提升自我效能感,感受到内心的满足。

称赞孩子的社会能力

孩子的社会能力同样值得肯定。除了成绩或学校生活等方面,我们还可以称赞孩子对朋友或老师的友好态度,这也是一种有效的肯定方式。当孩子意识到待人友善、尊敬师长和帮助他人与学习一样重要时,这种认知有助于他们更好地融入社会。

表扬孩子的想象力

孩子的想象力是非常宝贵的,值得我们的认可和鼓励。我们要为孩子有趣的想象喝彩。

想象力不仅有助于培养孩子的实际能力,还能促进他们对自身的认识。通过想象,孩子还能增强自信。我们应该积极参与孩子的想象活动,与他们进行交流,并重视每一次想象力的火花。不要轻视孩子的任何想象活动,因为这些活动可能是他们未来创造力的源泉。

夸赞孩子的童言童语

我们可以尝试肯定孩子的幽默感。大约从 8 岁开始,孩子开始能理解幽默,这一时期的孩子喜欢编造有趣的故事,并经常试图用滑稽的语言和行动来逗笑别人。即使这样的行为在大人看来有些幼稚,但我们要承认,每个人都会经历这样的阶段。所以即使觉得孩子的话并不搞笑,我们也应该倾听孩子的幽默,并一同参与其中,培养与孩子的互动和情感联系。

鼓励孩子的创意和个性

大多数孩子的创造力都非常丰富。只要我们对孩子的创造力持肯定态度,就能发现许多值得称赞的地方。创意性活动是孩子表达自身独特性的方式,通过这种方式,他们能够直接认识和体验自己的个性。

在童年时期,孩子的创意性表现最为明显。这是因为他们对于世界的认知尚未形成固定的框架,也不知道什么是常规和禁忌。换句话说,由于他们尚未受到许多思维限制,因此能够自由地想象和表达。只是,孩子的创意性活动可能并不完美,它们可能缺乏逻辑,较为零散,甚至缺乏意义。尽管如此,我们仍应该无条件地鼓励孩子们进行创造性思考和活动。

即使不理想，仍有可赞之处

当孩子遭遇挫折，看起来郁郁寡欢时，许多父母往往难以掩饰内心的不满和失望。尽管他们在努力压抑怒火，但声调和神态往往会不自觉地流露出严厉。

伟大的物理学家爱因斯坦的母亲却不是这样。众所周知，爱因斯坦在小学时期的学业成绩并不理想。有一次，小爱因斯坦手持一份成绩单，忐忑不安地走到母亲面前，只见成绩单上赫然写着："这个学生将来做任何事情都不会成功。"

对于大多数母亲来说，这样的评价无疑会让她们感到挫败、愤怒和困惑。爱因斯坦的母亲却展现出了非凡的智慧和包容，她深情地鼓励爱因斯坦："妈妈知道，你拥有一种独特的天赋。如果你和别人完全一样，又怎能期待自己脱颖而出，取得成功呢？"

尽管爱因斯坦在学校的表现备受质疑，甚至受到了班主任的严厉指责，但他的母亲始终坚信他的与众不同是一种宝贵的优点。或许，正是母亲这种宽容和充满爱意的鼓励，为爱因斯坦日后的辉煌成就奠定了坚实的基础。

不要过于苛责孩子

在人生的旅途中，没有人能够做到一次失误都没有，也没有人能够完美地完成所有事情，这种期望对任何人而言都是不切实际的，对于孩子来说更是如此。犯错、不完美是他们成长过程中的常态，也是他们学习、探索世界的方式。因此，当孩子在某些事情上未能达到预期时，我们应该以理解和宽容的态度来对待，而不是过分苛责。

然而，在现实生活中，许多父母对孩子的错误、过失和失败往往难以容忍，他们会非常严厉地训斥孩子。但是，换一个角度来看，失败其实至少证明了孩子勇于尝试，并且为之付出了努力。孩子为了把事情做好而去尝试，只是因为自身存在不成熟的地方，所以最终失败了。如果孩子选择什么都不做，那么自然就不会失败。

如果那些选择什么都不做从而避免失败的孩子无须承受任何

批评，那些努力做事情而遭遇失败的孩子却受到严厉的指责，这显然是不公平的。赞美孩子时，我们应该关注他们行动的过程和付出的努力，而非仅仅看重结果。因为孩子的失败而责骂他们，这种做法无疑是错误的。

孩子已经经历失败和无助，如果再遭受父母的责备和指责，他们可能会受到无法弥补的伤害。在尝试的过程中，孩子犯了一些错误，有些可能非常不应该，但这并不意味着整个过程毫无价值、一无是处。只要仔细观察整个过程，我们一定能发现其中正确和积极的方面。我们应该关注并肯定这些方面，让孩子明白失败的意义。也就是说，让他们知道哪些地方做得好，应该继续保持；哪些地方做得不好，今后需要改进。这样，孩子才能重新振作精神，充满力量，再次挑战自己。

如果父母只关注孩子失败的事实，并对其进行批评和指责，孩子可能会感到后悔，甚至觉得当初不应该尝试这件事。这会让他们产生严重的心理阴影，导致他们对尝试新事物产生恐惧。

缺点也可以是优点

我们可以从孩子的缺点中寻找优点来赞扬他们。比如，对于行动缓慢的孩子，我们可以肯定他们有耐心；对于胆小的孩子，我们可以肯定他们谨慎；对于性格挑剔的孩子，我们可以肯定他们敏感细致、感知力强。**只要我们稍微改变一下思维方式，就可以发现，孩子的缺点也可以成为优点。这样，世界上没有一个孩子是不值得受到肯定的。**

如果一开始就认为这是孩子的缺点，我们会越来越难以接受，甚至感到焦虑。这样的话，孩子的缺点会被放大，似乎变得不可收拾。在父母的叹息和担忧中，孩子的缺点会进一步"凸显"。

相反，如果我们能够从孩子的缺点中发掘出优点并给予肯定，孩子就会对自己的特质产生认同感，进而塑造出积极的自我形象。一旦形成了积极的自我形象，孩子在做事情时就会自然而然地充满自信，并积极付出努力。

很多人听过这样一个故事。从前有一位妇人，她有两个儿子，大儿子卖扇子，小儿子卖木屐。每当雨天，妇人会担忧大儿子的扇子卖不出去；而在阳光灿烂的日子里，她又担心小儿子的木屐没人买。久而久之，妇人的忧虑变成了病痛，终于卧床不起。

然而有一天，妇人听完邻居大婶的一番话后，心情开始变得明朗起来。邻居大婶说，阳光明媚的日子里，大儿子的扇子会卖得非常快；而在雨天里，小儿子的木屐生意也不用愁。这使她意识到，只要改变看待问题的方式，不幸也可以变成幸福，叹息也能转化为欢笑。

看待孩子也是如此。我们不能因为孩子的一次失败就一味责备求全，也不应该因为孩子存在缺点而日复一日地叹息。相反，我们应该在孩子的失败中寻找积极的方面，并将他们的缺点转化为优点。就像这位妇人一样，只要我们改变思维方式，不幸也可以变为幸福，叹息也可以转化为微笑。

诗人金春洙曾写道，**一朵花本来并无特殊意义，但当我们为其命名时，它便成为一朵有意义的鲜花**。小王子也认为，在众多的玫瑰中，只有他自己驯化的那一朵才有意义和价值。同样，我们的孩子也是如此。他们的行为、性格、成绩等，都会因为我们为其赋予的意义不同而具有不同的价值。

重要的是，我们要明白，**不是孩子一定要做得非常好才能得到肯定，而是孩子得到肯定可以激励他们做得更好**。因此，即使孩子的表现看起来并不完美，只要他们尽力了，就应该得到称赞。

特别是男孩的父母，要注意男孩发育较晚，他们的表现可能不完美，但肯定有值得肯定的部分。当然，对于女孩也是同样的道理，如果她们做事冒失或性格急躁，父母更应该寻找她们的优点和值得肯定的部分，而不是只关注错误。肯定孩子的正确行为，可以加强他们的积极行动，并帮助他们改正错误。

及时肯定，胜过千年难遇的一次盛赞

在食品柜台挑选食品时，查看保质期是我们的首要任务。为了挑选最新鲜的商品，有些人甚至不辞辛劳地弯腰，把摆放在最深处的商品一件件拿出来，并仔细比较。尽管有时人们会被捆绑销售的即将到期的商品吸引，但大多数消费者明白，与数量相比，有效期和新鲜度才是更为重要的考量因素。

肯定也有"有效期"

那么，你是否想过，肯定也具有"有效期"？而且，这个有效期非常短暂，因为保持新鲜度的时限很短。因此，当孩子取得成功时，我们应该"及时"给予肯定。如果错过这个时机，那么肯定的效果会大打折扣。

当孩子为我们跑腿时，我们应该在他们跑腿后立即肯定他们；如果孩子因表现出色而获得奖状，我们应该在孩子拿出奖状时立即给予肯定，以获得最佳效果。

如果过了很长时间我们才对孩子说："对了，那时候多亏你帮我们跑腿，你真棒！"这会让孩子感到不自然和尴尬。同样，如果孩子获得奖状后过了好几天，我们才问："你是怎么做到得奖的？能和我们分享一下吗？"这种关心反而可能让孩子感到厌烦，因为孩子获奖时的感动和兴奋已经过去，再提起这件事可能会让他们觉得"乏味"。

不过，如果我们错过肯定的时机，有时候可以通过改变表达方式来补救。以下话语仍然能够起到积极的作用，如：

"上次你帮了我大忙，我到现在都感激不尽。"

"我仍然记得你上次帮我跑腿，真的很感谢。"

"几天前你的善意帮助，我到现在都感到非常高兴和兴奋，谢谢。"

这样的肯定会让人觉得对方很感恩自己，并且一直记得自己的付出。

肯定最好能及时，批评也一样。批评也需要及时进行，才能成为真正的批评。在适当的时候进行批评，才能真正发挥批评的作用。如果过了几天才对孩子说："当时因为那件事我很生气，不管怎么说，你不该那么做。"孩子可能会觉得这只是无谓的唠叨，而不会真正认识到自己的错误。

及时的肯定 vs 难遇的盛赞

不少父母认为自己的孩子不仅学习不好，还整天给大人惹麻烦，身上没有值得肯定的地方。实际上，肯定不仅仅局限于成绩或特殊才能，在日常生活中它可以无处不在。只要稍微用心，我们就可以发现孩子身上有很多值得肯定的地方。

孩子剪完头发回家，你可以肯定他的新发型看起来很不错；孩子做完作业后又在楼下跑了几圈，你可以肯定他今天也度过了充实的一天；孩子穿着蓝色的T恤衫，你可以肯定那件衣服很适合他；孩子帮你去跑腿，你可以感谢他帮你分忧解难……所以，认为自己的孩子身上没有值得肯定的地方，大人无法给予肯定，这种想法是站不住脚的。

肯定可以引领孩子走向理想的方向，也是表达对孩子信念和价值观的尊重的最直接且有效的方式。作为父母，我们需要深入了解孩子内心的价值观，并给予他们真诚的肯定和鼓励。比如，当孩子表现出对友情的珍视、努力奋斗的精神或者对自然的敬畏等积极的价值观时，我们应当及时地、发自内心地肯定他们。

有些人为了给孩子大大的肯定，会一直等待合适的时机，即使孩子得了 90 分或 95 分，他们仍选择继续等待，只为了在孩子取得满分时给予更大的肯定。

然而，这种做法对孩子来说可能并不合适。孩子需要的是及时的、持续的肯定，哪怕他们只取得了小小的进步。当孩子得到 90 分时，他们希望父母能肯定他们的努力；当他们得到 95 分时，他们希望因为取得了比上次更好的成绩而得到肯定。假如父母只是等待孩子考满分的那一天才赞赏他们，那么在这段时间里，孩子的内心可能会积累许多遗憾和失落。

从今天开始，与其等待一个巨大的给予肯定的机会，不如逐渐转为及时的肯定。现在就开始表达你的肯定吧，开始也许会觉得有些不自然，但随着时间的推移，你会发现自己运用得越来越娴熟。

>>> 第 5 章

不同成长阶段，
肯定策略有不同

根据孩子不同成长阶段的特点，
我们需要采用不同的肯定方式。
假如不恰当地将儿童期的肯定方式用于青春期孩子身上，
可能会产生反效果。

婴儿期（0~18个月）的肯定法

研究证明，刚出生不久的新生儿便具备与母亲进行沟通的能力。他们不仅能辨别母亲乳汁的味道，还能转动头部，对声音来源做出反应。即使视力较为模糊，当看到母亲的脸时，他们会尝试模仿母亲的某些动作。

华盛顿大学研究婴儿发育的心理学教授安德鲁·梅尔佐夫（Andrew Meltzoff），在1981年对一个仅出生42分钟的新生儿进行过研究。他发现，当向这个婴儿伸出舌头时，婴儿会模仿这一动作。此外，如果对着婴儿做出"啊、哦、呜"等嘴形，婴儿也会尝试模仿。这一发现证明了婴儿在视觉、知觉和运动协调能力方面的初步发展，还表明新生儿已具备与他人进行交流的初步准备。

非语言的肯定方式更有效

婴儿期的孩子虽然几乎不具备语言沟通能力，但这并不意味着他们完全不与他人互动。尽管语言上的沟通能力有限，他们仍然能够通过非语言的方式来充分表达自己的意图，并对别人的意图做出相应的反应。

例如，他们心情好时，可能会用踢腿来表示兴奋；他们心情不好时，则可能会挣扎或哭泣。出生 3 个月后，婴儿开始能够运用面部表情来表达喜悦、悲伤、惊讶、愤怒等情感。此外，婴儿还能通过观察父母的表情来感知和理解他们的情绪状态。

婴儿期是孩子情感发展的重要阶段，与对自己重要的人进行互动，对于孩子情感框架的形成至关重要。在这个时期，与婴儿进行沟通显得尤为重要。值得注意的是，非语言沟通往往比语言沟通更为有效。因此，与其用言语来表达爱意，不如通过温暖的微笑和温柔的抚摸来传达。

对于这个时期的孩子来说，最重要的是妈妈的陪伴。如果妈妈没有及时回应孩子的想法和感受，这会让孩子感到不安和悲伤。

婴儿无法用明确的语言表达自己的意思，他们需要用非语言方式来传达自己的需求，因而妈妈对孩子的细致观察和反应，对孩子来说是至关重要的。

当婴儿感觉不适时，他们往往会通过哭泣来表达不满。仔细倾听婴儿的哭声，便不难发现，它们的长度、音高和间隔都不相同，这表明婴儿的哭声包含着多种信息。有的哭声表示婴儿肚子饿了，有的哭声则表示他们很孤独。此外，"我很无聊、我不舒服、我感到害怕、我需要爱抚"等情感也会通过不同的哭声表达出来。当婴儿得到大人细心和充分的照顾，需求得到满足时，他们会以微笑或咿呀作语等方式来表达自己的满足。

当然，这个时期的孩子也需要得到肯定。但是，用语言来认可不具备语言能力的孩子是没有意义的。对于用非语言方式与他人沟通的孩子，父母肯定他们也应该使用非语言方式。在这个时期，有效的肯定方法是微笑和回应。这两者的共同点在于都表达了对孩子的关心。对孩子露出温暖的微笑，以及及时回应他们的需求，都表明了妈妈对孩子的兴趣和关心。

对孩子的哭声做出反应

在此，我想要澄清一个经常被误解的问题。每当看到孩子大声哭闹，周围的人经常给出这样的建议：

"孩子哭的时候，要狠心一点，别去管他。这样他才能知道哭没有用，然后自己停下来。这样反复几次，孩子就能改掉爱哭的毛病了。"

确实有部分心理学家持有这样的观点：如果孩子哭闹时大人不给予任何反应，孩子就会明白这种行为不会得到关注，可能更快地停止哭闹。也就是说，孩子意识到哭闹并不能达到目的，因此哭闹的行为可能会逐渐减少。

但我想强调的是，这种观点是极其错误的，并且具有极大的风险。正如之前所说，无法进行语言沟通的婴儿会使用非语言的方式来表达自己的意愿。换句话说，婴儿的非语言交流方式与大人的语言交流方式相当。成人使用语言来表达需求，而婴儿则通过哭泣来表达需求。

当孩子的需求不被满足时，他们感受到的挫折感与成人并无二致。也就是说，如果孩子向大人寻求帮助，但大人选择忽视，孩子会深受挫折。若这种情况反复发生，孩子可能就会选择不再哭泣。

妈妈认为孩子哭泣是不好的习惯，现在孩子不哭泣了，好像自己已经取得了阶段性的胜利。但需要看到的是，这一过程中还存在一个被忽视的事实，那就是当孩子停止哭泣的那一刻，他们可能也选择不再与妈妈进行沟通了。对于尚不能用语言沟通的孩子来说，放弃哭泣就等同于放弃了与妈妈的交流。更严重的是，孩子如果意识到无论哭多久情况都不会改变，可能导致他们像塞利格曼实验中的狗一样，认为努力是徒劳的。这种后果是非常严重的。

第 5 章 不同成长阶段，肯定策略有不同

我的一个朋友，她有一个 6 岁的儿子。

从孩子出生开始，她就天天抱着他。每当孩子哭闹，她都会立刻跑过去安慰他、陪伴他。虽然她的母亲提醒她，过多地抱孩子会导致孩子对妈妈的过度依赖，但朋友并不这么认为。她说，为什么要让孩子早早便学会放弃和死心呢？她希望孩子明白，只要自己坚持就能迎来成功。因此，每当孩子哭泣，她都会放下手中的工作，去安慰和陪伴孩子。

我见过那个 6 岁的男孩，他非常活泼可爱，性格开朗，很喜欢和大人亲近，对学习新知识的渴望也很强烈。这和他妈妈对待他的方式有很大关系。孩子通常会用哭来表达不舒服或不安全的感觉，小时候他每次表达需求时妈妈都会及时地给予安慰，消除了他的负面情绪，他才能建立起对世界和他人的信任感。

当然，除了妈妈的因素外，周围的环境也会对孩子产生影响。但我认为最重要的是，妈妈并不认为孩子哭泣是不好的行为，而总是以温暖的微笑进行回应，这让孩子感到安心。妈妈的目标和期望也正是如此。

孩子的哭声中蕴含着他们迫切的期待和需求。因此，父母应该善于解读孩子的哭声，理解他们的需求，并迅速做出反应，以便使孩子的哭声发挥其应有的作用。

在成长过程中得到妈妈温暖关怀和细心回应的孩子，他们

哭泣的次数可能会逐渐减少。研究"依恋理论"的心理学家玛丽·安斯沃思（Mary Ainsworth）和西尔维娅·贝尔（Silvia M. Bell）认为，如果妈妈能够很好地回应婴儿的哭声，婴儿的哭泣次数就会相应减少，同时会更多地通过微笑、咿咿呀呀、表情等方式与妈妈交流。

孩子通过自己的行为引发妈妈做出反应，从而形成自我认知的基本框架。当孩子表达自己的需求并最终得到满足时，他们会意识到自己有能力影响周围的世界。同时，他们也会明白妈妈是值得信赖的，能够照顾和关心自己，并弥补自己的不足。孩子在这一时期积累的对妈妈的信任会逐渐延伸到对周围人的信任。

除了哭泣，婴儿的每一个行为都是他们学习和练习新技能的过程。从咿呀学语、踢腿到挣扎，这些看似简单的动作，对于他们来说都是艰难的学习和新的尝试。相对于青少年来说，这就像是为了进入一所好大学而付出的努力；而相对于成年人来说，这可能比为了在公司晋升而制订一个划时代的企划案还要困难。

因此，当孩子通过非语言的动作，如哭泣、咿咿呀呀、踢腿或挣扎来表达自己时，家长应立即以温暖的微笑或温柔的抚摸做出回应。对于婴儿来说，最美好的赞誉莫过于父母灿烂的微笑等传递的爱意。家长们应当细心观察孩子的行为，并及时满足他们的需求。这样的互动是培养孩子自信心和自尊心的重要基石。

蹒跚学步期（18~36个月）的肯定法

蹒跚学步时期的孩子有几个明显的特点，其中最显著的变化是他们开始形成明确的自我意识。在婴儿期，他们并不知道自己的样子，而到了大约18个月大的时候，他们开始逐渐意识到自己的存在和形象。

孩子的自我意识变得清晰

在这个阶段，孩子具备了清晰地认识和记忆自己的能力。当他们在镜子中看到自己的影像时，他们会认识到那正是自己，并因此感到新奇和高兴。相比之下，年龄更小的孩子在镜子里看到自己的影像时，虽然也会因为发现而感到高兴，但他们并不知道那就是自己。

刘易斯（Lewis）和布鲁克斯·古恩（Brooks-Gunn）的镜子

口红实验，依据比拉·阿姆斯特丹（Beulah Amsterdam）的实验思路进一步系统研究婴幼儿的自我意识。在实验中，他们将口红涂在婴幼儿的鼻子上，然后让婴幼儿面对镜子。自我意识明确的婴幼儿，会理解到镜子里的是自己，并尝试擦掉鼻子上的口红，或者请求成人帮助他们用纸巾擦拭。

而自我意识尚未完全发展的婴幼儿，可能会试图擦拭镜子中的鼻子，或者寻找镜子后面的人，他们还没有认识到镜子里的是自己。特别是在15~17个月大的婴幼儿中，只有少数人能认识到镜中的人是自己。然而，在18~24个月大的婴幼儿中，大多数人都能清楚地认识并记住自己的形象。

这个实验也清楚地表明，在18~24个月，婴幼儿的自我意识和记忆能力得到了显著的发展。

随着自我意识的增强，一些原本肉眼无法察觉的特质开始逐渐显现。例如，当孩子意识到有人在观察自己，或者感受到众人的关注时，他们可能会感到极度不安和慌张。当孩子暴露在他人面前时，有的孩子会害羞地笑，有的孩子则可能会因生气而哭泣。

随着自我认识的深化，孩子开始能够清晰地记忆自己的行为。他们意识到自己的行为不够理想时，会产生羞耻心或负罪感；他们的行为得到肯定时，则会感到自豪和自信。因此，这个阶段的孩子非常关注他人对自己行为的评价和反馈，尤其是来自父母的评价。他们敏锐地观察他人的反应，以更好地理解自己在社会中的位置和角色。

在这个阶段，孩子的一个重要特点是会根据他人的反应来调整自己的行为。具体来说，他们会通过观察别人对自己的行为是否鼓掌、是否露出不满的表情、是否训斥或肯定，来判断自己的行为是否得当。此外，他们还会努力改善自己不良的行为，以塑造良好的自我形象。

这个时期得到积极反馈，即经常受到肯定的孩子，能够从中获得成长所需的自信和价值感。"3岁看大"，如果一个孩子在3岁时能够锻炼并慢慢建立自我主导性、自我控制力等，那么这些品质将会伴随他一生。无论是在身体上还是心理上，他都能更加健康地成长。

宽容地对待孩子的失误

这一时期，孩子经历的错误和失败是比较多的。他们还无法很好地掌握绘画、走路、说话等技能，经常会出现摔倒、碰撞和破坏的情况。此外，由于这一时期孩子会积极地探索世界，经常进行新的尝试，因此难免犯错不断。在这种情况下，大人往往很难肯定孩子，更多的反而是训斥他们。

了解蹒跚学步发展阶段的孩子的特点后，父母或许能减少对孩子不必要的责备。孩子对于什么是麻烦或错误并没有清晰的认识，他们只是因为好奇而想要探索和尝试。通过实践新行为，他们渴望获得成就感，但失败和错误是探索过程中不可避免的部分。父母也经历过这样的阶段，也是从婴幼儿成长为儿童、青少年，并最终成为今天的成年人。

因此，当蹒跚学步的孩子损坏物品或频频惹麻烦时，我们不要轻易责备他们是"闯祸精"或"捣蛋鬼"，而要深入了解他们的真实意图和背后的原因。

对于孩子的良好表现，我们应该给予适当的赞扬，而对于需要改进的地方，我们应该耐心教育并引导他们。只有这样，孩子才能真正明白在成长过程中需要发展什么、改正什么。同时，我们也应该意识到，孩子经历的失败有时源于他们想要探索和尝试的积极意图，因此其中有值得称赞的因素。

肯定孩子的独立性

这个阶段是孩子形成积极的自我认知的关键时期，父母必须对孩子的举动给予细心的关心和反馈。

当然，这并不意味着父母需要亲自完成孩子所有的事情。作为父母，我们虽然需要经常给予孩子关心和注意，但在行动方面要注意让孩子独立完成。无论是走路、穿衣服、穿鞋、整理玩具还是吃饭,无论花费多少时间,都要给孩子自己完成的机会。当孩子做到时,父母要毫不吝啬地给予肯定和鼓励。

即使孩子未达到目标,父母也可以表扬他们值得肯定的部分。孩子需要被肯定的并不是某一行为的完成度,而是努力的过程。

读懂孩子的心就是一种肯定

也许有些父母会认为,孩子总是无法做好任何事情,还经常乱发脾气,大声叫嚷,不听从任何指示。然而,这其实是孩子在这个阶段的一个非常明显的特点。

孩子之前通常比较顺从,但在这个阶段,他们开始表现出反抗的行为。这是因为孩子正在试图通过拒绝大人的要求或建议来表达自我意识和独立性,并希望得到父母的认可。孩子逐渐有了独立思考的能力,他们的观点和想法可能与大人的不同,而这种不同通常会以反抗的形式表现出来。

当父母要求孩子做某事时,有些孩子会立刻回答"不",甚至与父母顶嘴。他们的反应并不是经过深思熟虑的结果,他们先脱口而出"不",然后再思考具体的理由。比如,父母提议去某个地方，孩子也会果断拒绝。但有趣的是，当看到妈妈准备出门时，孩子又会迅速地穿好衣服，跟在妈妈后面。这种行为恰恰反映了孩子的这种心态。

这个时期，孩子的反抗和烦躁并非出于对父母的厌恶。相反，这可能是他们在面对困难时感到伤心和受挫的体现。他们可能正在经历内心的挣扎，试图理解和应对这些困难。此外，他们可能无法用言语完美地表达自己的复杂情感，导致愤怒和挫折感产生。我们要知道，孩子的反抗和烦躁很可能是他们尝试理解和处理复杂情感的一种方式。

因此，当孩子出现这种情况时，我们不应一味地忽视或责备他们，而应尝试理解他们的内心世界，鼓励他们健康成长。我们可以经常拥抱和抚摸他们，问问他们："你是不是很伤心？"同时，我们也要鼓励他们："这并不是你的错，你一个人肯定很难完成。下次需要的话，妈妈会帮你的。"并要安慰他们："你并不是一个坏孩子。"通过这种方式，让孩子获得安慰和自信。

如果孩子感觉到妈妈完全站在自己这一边，他们就没有必要进行过度的反抗。这样一来，喜欢哭闹、不听话的行为就有可能得到改善。

总的来说，孩子在这个时期的反抗其实是在复杂的世界中考验自己、塑造真正自我的一个过程。因此，当孩子的反抗比较严重时，妈妈更需要给予鼓励和支持。

幼儿期(3~6岁)的肯定法

小民想帮妈妈做晚饭,却不小心打碎了五个碗;恩智想拿饼干吃,却不小心打碎了两个碗。两个孩子当中,谁犯的错误更大?

这是瑞士儿童发展心理学家让·皮亚杰(Jean Piaget)常采用的对偶故事法。用这样的提问来研究儿童的思维发展——儿童是依据对物品的损坏结果还是依据主人公的行为动机做出判断。

大部分大人认为恩智的错误更大。虽然小民打碎了五个碗,但他的意图是为了帮助妈妈,因此情有可原。然而,如果我们拿这个问题来问幼儿期的孩子,大多数会回答说小民的错误更大。这是因为,这个时期的孩子不会综合考虑情况,仅通过打碎碗的数量来判断。

面对这种情况,我们需要引导孩子逐步思考。我们可以给孩子讲解,小民虽然打碎了五个碗,但他的初衷是帮助妈妈,这种想法是值得肯定的。通过这种方式,我们可以教育孩子,在某些情况下，意图和过程比结果更为重要。

孩子往往关注结果而非过程

这个阶段的孩子尚不具备理解世界的逻辑思考能力，更倾向于以结果为中心进行判断，而不懂得考虑他人做事的初衷和过程。由于认知能力的限制，他们一次只能考虑一种因素，无法全面地思考问题。此外，他们也完全不会考虑到自己和别人的立场可能不同，不明白自己的想法和别人的想法可能存在差异。简而言之，幼儿期是孩子以自我为中心来认识世界的一个阶段。

通过研究约瑟夫·佩尔纳（Josef Perner）博士的"错误的信念"实验，我们可以了解到这个阶段的孩子是多么以自我为中心。实验中，实验者告诉孩子们："秀灿正在看书，突然想去上厕所，于是她把书放进了绿色的篮子里。过了一会儿，妈妈走了过来，从绿色的篮子里拿出书，放进了蓝色的篮子里，然后离开了。"

接着，实验者问孩子们："秀灿回来后，会去哪里找书呢？"

成年人都明白，秀灿并不知道自己的书已经被移到了蓝色的篮子里，所以会在绿色的篮子里找书。然而，那些4岁左右的孩子会回答是蓝色的篮子。因为他们知道，书最后放在蓝色的篮子里，他们认为秀灿也应该知道这一点。

这说明这个阶段的孩子经常认为别人的想法和自己一样，也认为这是理所当然的。他们无法推断出与自己不同的观点，所以无法理解别人的立场。

如此便不难理解，这个阶段的孩子主要是通过他人对自己的评价来形成自我认知的。他们完全接受他人的赞扬或批评，以此来评价自己的行为。

例如，即使他们的行为并无问题，但如果成年人强调"这样做不好"，他们就会真的认为自己的行为有问题。同样，即使某物看起来很漂亮，但如果成年人表示"它很脏，很丑"，他们就会认为它是肮脏的、丑陋的。这就是为什么成年人的观点会对孩子产生如此大的影响。

重要的是，这个阶段的孩子逻辑常常非黑即白。他们认为事物只有两种极端，不是"好"就是"坏"，不是"好孩子"就是"坏孩子"，不是"漂亮"就是"难看"，不是"你的"就是"我的"。他们只能以这种简单的方式来理解情况或事物。当然，这种情况并非无法改善。

在成年人的引导下，孩子的思维方式会有显著的变化。我们如果能教导孩子关注事物的各个方面，并在需要特别注意或深入思考的地方给予指导，就能帮助孩子培养出丰富、全面的思维方式。

年幼的孩子只会根据打碎碗的数量来判断谁犯的错更大。这时如果身边的成年人能够耐心地引导他们分析犯错者的初衷，并给予适当的指导，大部分孩子应该能够做出正确的判断。

在这个年龄段，孩子很难同时考虑到两个方面。要求他们既关注做事的过程又考虑结果，对他们来说是一种过高的要求。尤其当结果是显而易见的，他们就更容易忽略其他方面。但是，如果父母能够耐心细致地给孩子进行讲解分析，孩子就能提高自己的理解能力。父母可以通过与孩子的对话和交流，帮助他们克服这种"一叶障目"的局限性。

模糊的反馈会让孩子感到混乱

我们应该给予这个阶段的孩子有建设性、有教育意义的肯定，以帮助他们弥补不足，促进他们的成长。对于只会单纯接受大人观点、逻辑非黑即白的孩子，模糊的肯定是不可取的。我们应该避免说出含糊不清、似是而非的话语，以免让孩子分不清哪些是肯定，哪些是批评。

我们应该明确指出哪些方面是做得好的，并在孩子做错时明确告诉他们需要改进的地方。模棱两可的反馈，如对孩子说"这样应该也可以吧……"，会让孩子感到不安和困惑。

首先，我们可以称赞孩子很棒，然后具体地告诉他们哪些方面值得肯定，哪些方面需要改进。在称赞完好的方面之后，可以采取诱导式的问题来引导孩子思考如何做得更好，例如："你希望在哪些方面有所提高？"或者"你觉得怎样才能做得更好呢？"然后，我们可以告诉孩子，作为妈妈或爸爸，我们可以如何帮助他们。这种方式可以充分发挥肯定的积极效果，帮助孩子更好地成长。

在肯定孩子时，还应避免传达出对立或矛盾的信息。比如"画得不错，虽然这个颜色我不太满意"，这样的表达可能会让孩子更加关注不满意的部分，而非他们所取得的成绩。此外，话语中同时包含肯定、比较或指责也是不可取的，比如，"你这次做得不错。别人应该也都做得很不错吧？"这样的说法可能会让孩子感到沮丧或失落。

如果一个行动中存在正反两面，那么我们应当给予这两面明确的反馈。比如，我们可以对孩子说："做得很棒！让我看看你是怎么完成的。哦，原来你是这样处理的呀，真是个好办法！对了，这里为什么选择这种方法？还有没有更好的方法呢？我觉得下次你可以尝试一些其他的方法。"

模糊的肯定不仅会让孩子感到困惑，还可能影响他们对自我价值的认识，使他们难以形成积极的自我形象。孩子可能会感到无所适从，做事情束手束脚，对每件事情都感到不安，甚至养成观察父母眼色的不良习惯。这将对孩子的成长产生非常不利的影响。

多多鼓励孩子的心理活动

因为这个阶段的孩子往往更加关注结果而非过程,为了改善孩子过于依赖结果的特点,所以父母应该强调过程的重要性。这意味着父母需要仔细观察孩子完成事情的过程,然后具体指出哪些部分做得好,哪些部分需要改进。

当孩子在美术大赛上获奖时,如果父母只是简单地说一句"做得好",这实际上只强调了结果。对于这一阶段的孩子来说,他们本来就关注结果,如果再加上父母的这种鼓励方式,很容易导致他们陷入过分重视结果的思维模式。

前面已经提到,过分强调结果可能会给孩子留下只重视评价目标的印象。这种过分关注评价目标的现象可能会对孩子产生不良影响,在此就不赘述了。

作为父母,当听到孩子在美术大赛上获奖时,尽管内心感到欣慰和自豪,但我们应该避免直接称赞结果。为了帮助孩子更好地成长,我们可以与孩子一起回顾整个创作过程。通过询问一些问题,例如孩子在创作过程中进行了哪些想象、哪个部分最难画、时间是否充足、是否遇到了困难，以及如何克服的，等等，如此我们可以更全面地了解孩子的创作过程，更可以具体地指出孩子做得好的方面和需要改进的方面。

在孩子取得好成绩时，我们当然要给予肯定。然而，当发现孩子有需要改进的地方时，我们也不应直接指责或批评，而是尝试与孩子一起制订计划，今后避免类似的错误。这样，孩子会感受到父母对过程的关注和重视。即使结果对孩子来说很重要，他们也会意识到过程的重要性，从而更加注重过程的努力和细节。在这样的过程中，可能会达成意想不到的积极效果。

即使在孩子犯错或遇到挫折的情况下，父母仍然可以找到值得肯定的地方。例如，孩子的出发点可能是好的，只是方法不正确；他们使用的方法是正确的，但结果并不理想。父母通过与孩子一起分析各种原因和结果，而不是简单地对他们的表现进行肯定或否定，可以帮助孩子逐渐培养起理解复杂自我的能力，让他们意识到自己的形象并非是全然被肯定的或全然被否定的。

在这个阶段，孩子已经能够更加深入地感受自己的想法、情绪和感受。父母需要更加关注孩子的心理活动，并给予积极的肯定和鼓励。例如，父母可以说："你的想法很有创意，真的很不错。""你能够对那件事情表示歉意，这表明你是一个非常了不起的人。""谢谢你与我分享你的喜悦，这让我感到非常温暖。""你对朋友很关心，这表示你有一颗善良的心。""你长大了，懂得照顾别人了。"孩子需要这样的肯定。

对孩子来说，父母的肯定不仅是教诲，更是爱和教育。如果孩子从未获得父母任何具体的意见，他们会觉得父母不关心自己。如果没有人告诉他们需要改进的行为，孩子便无法形成均衡的自我认知，也无法正确判断对错，从而无法建立健康的价值观。这个时期的孩子最需要的肯定是父母对过程细致入微的回应。

学龄期（6~12岁）的肯定法

对于10岁左右的孩子而言，相较于妈妈、爸爸、玩具和书籍，朋友的重要性是无可比拟的。在学龄期的孩子看来，与朋友相处往往比与父母相处更让人愉快和期待，父母的认可仍然重要，但来自朋友的认同同样不可忽视。

孩子希望得到朋友的认可

随着学龄期的到来，孩子开始逐渐脱离大人的怀抱，寻求更多的独立性，尤其是在与妈妈的紧密关系中。相较于之前的阶段，他们对父母的关心和认可的需求可能会有所减少。如果大人依然像小时候那样过度干涉和关注，孩子可能会感受到被评价的压力，进而产生逆反心理。父母过于干涉，孩子可能会觉得父母不信任自己，从而不自觉地回避父母的关注，不愿意与父母亲近。

然而，即便在这一阶段，孩子依然需要父母的积极支持，尤其是肯定和鼓励。因为这是他们发展自我能力的关键时期，他们遇到困难时需要安慰和力量，这离不开父母的肯定和鼓励。

不要总拿自己的孩子和别人比较

学龄期的孩子既渴望从父母身边寻求独立，又依然需要父母给予他们鼓励、肯定和支持。为了与他们进行最有效的沟通，我们需要明确区分孩子的独立领域和父母的独立领域。

在了解孩子希望得到理解的部分后，我们应当着重肯定他们在这些方面的表现。特别是当孩子展现出他们感到自豪的部分时，我们应该毫不吝啬地给予认可和肯定。同时，即使我们自己不喜欢某些事情，但如果孩子对此充满热情，我们也应该给予关心和支持。

要注意，这一时期的孩子会明显展现出兄弟之间或朋友之间的竞争行为。因此，在给予肯定或批评时，我们需要特别注意，确保孩子能够感受到同等的被爱与被接纳。

在生活中，我们不难观察到一些孩子在八九岁时表现出高度的自信，学习成绩优异。然而，随着时间的推移，他们的自我效能感显著下降，变得日益消极。这往往是由于他们过度比较自己与他人，从而得出自己不如他人的结论。这种比较不仅会对孩子的自尊和自我价值感产生负面影响，还可能导致他们对父母、兄弟或朋友产生反感或憎恶情绪，进而影响其社会性发展。

父母应提供具体的指导信息

从发展阶段的角度来看，学龄期是孩子需要学习最多知识的时期。在这个阶段，孩子不仅在家庭中接受各种教育，还要在学校中学习丰富的知识，并努力掌握社交技巧。

作为父母，我们应该为孩子提供正确的、有用的信息，帮助他们更好地应对生活中的挑战。具体而言，我们可以细心地告诉孩子他们做得好的地方，并询问他们面临的最大困难是什么。

教育学者阿尔菲·科恩博士指出，学龄期的肯定应侧重于向孩子传达他们正在朝正确方向努力的信息，而非简单地做出评价。父母应提供具体的指导信息，以帮助孩子明确自己的方向。同时，为孩子提供独立思考的时间和空间，鼓励他们反思未成功的部分，也是至关重要的。当孩子深思熟虑后提出想法时，父母应当给予建设性的建议，并引导他们向积极的方向发展。

青春期的肯定法

青春期是孩子变化最大的时期

　　青春期，又称青少年期，是指儿童逐渐发育成为成年人的过渡时期。这一时期的孩子在神经、生理、身体和精神等方面都会经历巨大的变化。他们的大脑前额叶皮层经历了快速发育，使他们会产生一定的冲动。同时，孩子身体上的变化也非常明显，有些孩子会对自己身体产生的变化感到惊讶和害羞。

　　这一时期孩子的心情尤其复杂。他们既渴望独立，想要摆脱父母的束缚，又深深依赖着父母，无法完全割舍与父母的联系。这种矛盾的心理状态使得他们的情绪总是充满波动。因此，与他们交流较为困难，需要尤为谨慎。

肯定的频率要适度

和其他年龄段的孩子一样，青春期的孩子同样渴望得到认可和肯定。身为父母的我们，不也常常因为未能获得父母的认可而感到失落吗？然而，若继续沿用儿童期的肯定方式，可能会适得其反。因此，我们需要明确哪些行为值得称赞，哪些行为盲目称赞则可能适得其反。

首先，青少年已经具备客观评价和比较自己行为的能力，过度的肯定对他们可能不再适用。空洞或夸张的肯定，不仅可能让孩子感到不自在，还可能让他们觉得我们并未真正理解他们。

不同于年龄较小的孩子，对于青春期的孩子，适度的肯定比频繁的肯定更为适宜。与其每天不断夸赞他们，不如在关键时刻给予有针对性的赞赏。过于频繁的肯定，或对微小变化的过度肯定，可能会让孩子觉得父母在监视和干涉自己的生活。青春期的孩子并不乐意仅仅因为微小的努力或变化就被人称赞。因此，相较于盲目的称赞，父母更应当在孩子自己完成某项任务或取得明显进步，并为此做好接受称赞的准备时，采用委婉而适度的方式进行认可。

父母双方在肯定孩子时，内容和时间应各有侧重。研究表明，妈妈的肯定充满爱心，往往对孩子产生更直接的激励效果，而爸爸的肯定则更为中立、客观，往往更具权威性。

在夸赞孩子时，我们不要让他们觉得是在被别人评价，以免给他们增加不必要的心理负担；我们也不要附加过多的忠告，如"今后要好好表现哦"等，以免让孩子感到压力和不安，甚至引发他们的愤怒。

在和孩子交流时，要避免表现得好像父母无所不知，因为这样的态度可能会引发孩子反感。"妈妈明白你的想法"或者"妈妈上学时也经历过这些事"这类话语，很容易让敏感的青春期孩子恼怒："妈妈怎么什么都知道？这样的话还不如不说呢！"这时父母其实可以尝试这样说："虽然我不太了解你的具体苦恼，但我能感受到你的痛苦。"这不仅给予了孩子情感上的支持，还为他们提供了得到倾听和理解的平台。

肯定要简明而准确

肯定青春期的孩子时，我们应当设立合理的标准。首要的是，肯定应当简明而准确。对于已经能够理性看待自身能力的青春期的孩子，过度华丽或过于夸张的肯定可能会产生反效果。对于年纪较小的孩子，我们告诉他们："你是最棒的！"他们可能会深信不疑并感到快乐。但对于青春期的孩子，这种简明但并不准确的方式会让他们误以为自己受到了嘲讽。

父母要以平和的态度去认同孩子的自主判断和行动，以更真诚的心态去接近他们。在思想、社交审美、兴趣爱好及创造性态度等方面，父母和孩子之间可能存在代沟，对于那些不能产生共鸣的方面，父母应给予必要的理解和认可。

有时，倾听是最好的肯定

这一时期，孩子与父母之间的交流时间会有所减少。部分原因是孩子需要面对的事情增多了，与家人共处的时间自然会相应减少。还有一个更为重要的原因是，随着孩子的成长，他们与父母相处时的情感体验可能不再像小时候那样充满快乐与感动。对他们来说，独自一人的时光更为自在，与朋友待在一起更加愉快。

因此，比起长篇大论的肯定，真诚地聆听孩子的心声或许更能实现有效沟通。同样，与其由父母单方面列举孩子的优点，不如鼓励孩子自己分享他们的成就、喜好、心态和付出的努力，并耐心倾听他们的讲述。如此，我们能更好地理解和赞赏他们，从而达到肯定的真正目的。

此时需要特别注意的是，千万不要画蛇添足。例如，当孩子因为成绩提高而感到高兴时，不要说："你既然能考好，为什么不早努力？"当孩子因为赢了球赛而兴奋时，也不要打击他们的热情："现在可不是踢足球的时间啊。"听到这些话的瞬间，孩子十有八九会关上自己的房门，拒绝再多说一句话。

肯定也需要"欲擒故纵"

我们要认识到，青春期的孩子会对过于直接、频繁或密集的肯定感到压力，甚至觉得这是一种唠叨。这是因为在这一阶段，孩子的注意力逐渐从家庭转向朋友，他们渴望从家庭中独立出来，更多地融入社会。这是孩子成长过程中的一个自然且合理的阶段。

如果父母因为舍不得孩子离开而过度地肯定他们，试图拉近与孩子的距离，这样的努力在孩子看来可能并非真正的肯定，反而像是唠叨和控制。然而，不可否认的是，父母的认可和肯定对于青少年来说仍然是一种安慰和支持，能够抚平他们内心的不安，给予他们安全感。每个孩子表达需要认可和安慰的方式都是独一无二的。父母需要敏锐地捕捉这些信号，并在捕捉到信号时做出恰当的反应。

这就需要一种巧妙的肯定方式，我们称为"欲擒故纵"。比如，当孩子在学业或任务上表现不佳时，我们应该用逆向思维，不是埋怨和批评，而是找到他们的闪光点，用赞美和夸奖来回应他，比如夸他做家务认真细致、效率高，慢慢地，他也会以同样的态度来对待学习。

>>> 第 6 章
# 巧解肯定式养育的难题

肯定是一把双刃剑,
用得好可以产生积极效果,
用得不当则可能带来负面影响。

对于不擅长肯定技巧的父母来说,
知道何时及如何恰当地肯定孩子确实是一个重要课题。
让我们倾听父母们的困惑,
共同思考如何才能更好地化解这些困扰。

孩子每件事都表现出色，可他对周围的人也有高要求，如何引导呢

我的儿子自小聪明伶俐，我们夫妇总是毫不吝啬地给予他最高的肯定。我们常常说："我儿子做得最好，我儿子最棒了。"我们给予孩子这样的肯定并非只是因为他的优秀，更是因为我们认为自信心对男孩来说至关重要。有时，我们的赞美可能显得过于夸张。

不过，我的女儿情况不太一样。她有些懒惰，做事情爱丢三落四，生活中还有些邋遢。对于女儿，我们的要求并不苛刻，更多的是理解和接纳。但问题在于，儿子无法忍受姐姐的这些不足。

今天早上，女儿因睡过头而耽误了使用卫生间的时间，与弟弟的时间产生了冲突。于是儿子对她进行了严厉的责备。女儿看到比自己小3岁的弟弟这样教育自己，感到非常尴尬和羞愧，脸都红了。尽管儿子的话并无错误，但看到他如此不客气地对待姐姐，我心里

并不舒服。

儿子在各方面都力求完美，总是表现得非常出色，说实话我感到非常骄傲。只是，我也很担心，他是不是因为从小受到过多的肯定，所以无法容忍他人的缺点呢？现在回想起来，我确实有些后悔。我希望他能继续保持他的优秀品质，同时成为一个能理解他人、具有同理心的人。那么，我该如何引导他呢？

丁玝琼教授的建议：

如果父母给予孩子的肯定不是针对具体行为的，而是全面而无差别，那么通常就会产生这种结果。在你们对儿子的肯定中，并没有明确指出他具体哪里做得好，而是过分地肯定了他的整体存在或特性，这导致他形成了错误的自我认知。

父母的这种肯定方式，实际上并不是对孩子理想行为的肯定，而更像是对孩子能够减轻父母负担的一种感激。

我认为，对这个孩子而言，目前他最需要培养的是理解他人与助人为乐的品质。因此，相较于过分强调自我管理，父母更应引导他学习如何理解和帮助他人。未来，父母在肯定儿子的成绩之余，还应为他创造机会去体察他人的难处，并鼓励他主动伸出援手。例如，当儿子责备懒惰的姐姐时，可以这样引导："你之所以这样说，是因为关心姐姐，对吗？但发火会让姐姐感到难受。你试着帮帮她，提醒她提前做好准备如何？你的成绩让我们很骄傲，但如果你能和睦地与姐姐相处，我们会更加感激和幸福。"这样的话语，或许能激发儿子的改变。

因此，当儿子展现出关心他人的言行时，父母应当及时给予肯定。同时，父母也应督促女儿作为姐姐发挥榜样作用，以身作则。当然，对于女儿的良好表现，即便是微不足道的进步，父母也应慷慨地给予赞扬，以此激励她，帮助她建立自信心。

孩子爱"帮倒忙",该如何妥善处理

我有两个孩子,每天的家务繁重得让我应接不暇。无论如何整理,两个孩子总是能将家里弄得一团糟。每天,我都要为两个孩子洗衣服,还要为丈夫洗衬衫并熨烫,光是这些就耗费了我大量的时间和精力。此外,由于儿子患有过敏性皮炎,我只能亲手为他制作各种零食,如饼干、果汁、炸鸡和面包,这也占据了我相当一部分时间。

让我感到疲惫的,还有一个重要原因。我的女儿是个心地善良、勤劳好学的好孩子。她听话懂事,能照顾弟弟,也很爱我。她一直希望帮助我分担家务,但她年纪尚小,做家务时难免会不小心打破或打翻东西,这反而给我增加了额外的工作。

面对孩子想要帮助妈妈的好意,我应该给予鼓励和肯定。但如果我肯定她,她可能会更加积极地想要帮助我,这样一来可能会引发更多的混乱。我不知道该如何处理这种情况。对我来说,这成了一种心理负担。

丁玑琼教授的建议：

也许在得到妈妈真心的认可和肯定之前，孩子不会停止尝试帮助妈妈。然而，由于孩子的小手还不够熟练，他们可能会经常做不好事情。即使妈妈勉强地笑着安慰说没关系，孩子仍然会本能地感觉到妈妈的不满意。因此，妈妈应该给予孩子机会，让他们能够感受到自己的帮助是有价值的，是被认可的。这样，孩子会更加自信，也会更加愿意帮助妈妈。

妈妈可以选择适合孩子的任务，请求他们的协助，让孩子在实践中成长，减少不必要的混乱。当孩子完成任务后，妈妈及时的肯定与鼓励将会让他们更加自信，未来给妈妈"添乱"的情况也会相应减少。

有时候孩子观察到父母在身体或精神上的疲惫，会自发地想要像大人一样去行动，主动分担家务以减轻父母的负担。不知道这位妈妈在做家务时是否曾无意间流露出疲态？如果有的话，不妨与孩子坦诚交流，了解孩子看到你受累时的想法和感受，以及为何会有这样的想法。

如果孩子盲目地想要帮助妈妈，是出于觉得妈妈太辛苦的原因，那么我们需要考虑采取不同的策略来应对。这类孩子往往会认为父母为自己和家庭承受了很多痛苦，因此表现出早熟的一面。他们长大后可能会因为这种感觉而对父母怀有负罪感,甚至由于未能享受到正常的童年时光而感到愤怒。

如果你觉得女儿有这样的想法,可以这样对她说:"我的乖女儿,谢谢你总是想要帮助妈妈。妈妈做家务有时候确实会很辛苦,但这一切都是为了我们的家庭,所以妈妈感到很幸福。有你这份关心和帮助,我就感到非常满足了。"

孩子的好胜心太强，肯定是否会对他的成长不利

可能是因为明天要在公开课上展示汉字背诵，儿子一直在埋头苦学。遇到难记忆的汉字时，他便会焦躁地大喊大叫，与那些字较劲，看起来既让人心疼又有些担心。我说差不多就可以了，他却坚持要背得滚瓜烂熟才肯罢休。对于一个7岁的孩子来说，这确实不常见。

儿子做事认真，经常得到老师的表扬，也常成为其他家长羡慕的对象。我们很欣慰他的努力，但又担忧他好胜心过强，似乎总想着要超越他人，做到最好。这种心态起初只表现在学习上，现在却已渗透到日常生活中。他无法忍受自己在任何小事上落后于人，总是竭尽全力做到最好。

眼看他即将步入小学，我们担心他过强的竞争意识会影响到他与同学的相处。难道因为他是家中的独子，我们过于宠爱，总是肯定他一切都做得很好，才让他陷入了追求完美、争做第一的

怪圈吗？

作为妈妈，看到孩子自觉努力、取得好成绩，我自然想要肯定他。可是，面对孩子过强的好胜心，我在想，过多的肯定是否会加剧他的竞争心态，反而对他的成长不利呢？

丁玑琼教授的建议：

比起享受学习本身的乐趣，这个孩子似乎更在意他人的评价。这种态度并不可取。

父母应该协助孩子确立正确的学习目标，以避免他们陷入过分关注评价的误区。幸运的是，现在还有机会做出改变。在这个过程中，父母必须小心谨慎，避免给孩子灌输被评价或被比较的观念。当孩子犯错或成果不佳时，父母应该关注他们所学到的东西，并与他们一同享受学习的过程。

父母该保持宽容的心态，理解失误是学习过程中的一部分，是获取知识的必经之路。最重要的是，要认可孩子的努力和进步。

在与孩子共同努力的过程中，积极的交流至关重要。即使孩子付出努力却未能达到预期的结果，也要让他们明白，他们的付出已经证明了他们的优秀。

对于好胜心强的孩子来说，参与集体活动将是一种有益的体验。通过团队运动或志愿服务等活动，孩子将亲身体会到，胜利并非唯一的目标，与同伴们的相处和合作才是更重要的。

有"乖孩子综合征"的孩子，是否还要继续肯定

邻居们经常夸我女儿，说她特别听话。她只有10岁，却异常乖巧懂事。她性格本就比较文静，几个月前弟弟出生后，她更是乖巧得让人心疼。可是，有时我会觉得女儿似乎乖巧得有些过头了，心里非常担忧。

每次女儿做出"乖巧"的举动时，她总是频频向我投来探寻的目光，仿佛在确认自己的行为是否得当。要是我因为忙于别的事情，而未能及时察觉她的表现，她便会刻意走到我身边，以引起我的注意，似乎想提醒我，她又做了值得肯定的事情。

我发现，女儿做事之后还会习惯性地观察我的反应。她的眼神中充满了期待，似乎无声地传达着这样的信息："妈妈，我做得对吗？请夸夸我。"面对她这些本就值得肯定的行为，再加上她那恳求的目光，我只有毫不吝啬地对她加以表扬。

可是不久前，我了解到了一种名为"乖孩子综合征"的心理

现象。我开始担心女儿是否也属于这种情况，于是频繁上网查找相关资料。拥有一个乖巧的孩子无疑是父母的福气，但真正的乖巧与假装出来的乖巧是不一样的。我担心女儿属于后者，同时也想知道，究竟是什么原因让她变成这样的呢？

丁玷琼教授的建议：

对于性格善良、温顺的孩子，父母更应倾注深深的爱意，真诚地与他们进行沟通。"我们的女儿真是乖巧顺从"或"你还知道让着弟弟，真是太懂事了"，这样的肯定并不适宜，因为孩子可能会误解为："只有当我听话时，妈妈才会喜欢我。"这实际上是在向孩子传达一个错误的信息：只有通过忍耐和牺牲，才能获得父母的爱。随着时间的推移，这种观念不断累积，孩子可能会持续抑制自己的真实愿望，最终导致情感的爆发。

对于这样的孩子，我们应该耐心询问他们内心的真实渴望，鼓励他们自信地表达自己的需求和愿望，并教导他们如何以恰当的方式去争取和实现。同时，我们也要不断地向孩子传达一个明确的信息：无论他们如何表现，父母的爱都是无条件且坚定不移的。

你认为女儿患有"乖孩子综合征"，在你的观察中，孩子的所有行为似乎都是为了博取肯定而勉强为之，这让你深感忧虑。在阅读你的这个案例时，我有一种感受便是——当孩子从妈妈那里获得肯定时,她是否真的因此感受到满足和幸福?从你女儿的行为中,我察觉到了焦虑和不安。

请回想一下,是否只有在女儿表现得乖巧懂事时,你才给予她关注?有些孩子在弟弟出生后,因为嫉妒会对弟弟产生敌意;而有些孩子则为了夺回被弟弟分散的父母之爱,会刻意表现出对弟弟的关心和疼爱。你的女儿似乎属于后者。她孤军奋战,努力不失去父母的爱,并展现出父母所喜欢的乖巧形象。请好好想想,你有没有在照顾弟弟的过程中,让女儿受过什么委屈?

我们应该让孩子明白,偶尔的不"乖巧"、消极的举动或想法、生气、发脾气及嫉妒心等都是人之常情。更重要的是,要让孩子深切感受到妈妈对她的无条件的爱,她不需要刻意表现出"乖巧"的一面。

孩子嫉妒心强，一旦没有得到最高肯定便会情绪失控，如何是好

女儿多爱是二年级的小学生，作为父母，我们经常被邀请去观摩孩子们的上课情况。在观摩过程中，我们欣喜地发现女儿的学习态度非常端正。她全神贯注地聆听老师的讲解，回答问题时也表现得十分积极。我觉得，无论她的表达是否完美，只要她能享受学习的过程，积极参与并勤奋努力，就够了。

下课之后，是父母与孩子们共度的亲子时光。这段时间里，大家可以选择进行美术创作、欢唱歌曲或者一起探讨书籍。一天，大家都在画画，这时我注意到其中一个孩子画得尤为出色，于是忍不住赞叹道："哇，你画得太棒了！"然而，我的话音刚落，女儿便立刻抬起头问我："妈妈，那我呢？我画得怎么样？"

面对女儿期待的眼神和在场的众多家长与孩子，我不想让女儿感到失落，于是，我赶紧回应说女儿也画得很好。可是，女儿显然对我的回答并不满意，她继续追问，我则急得满头是汗。尽

管我已经尽力给出我认为最好的回答,但女儿突然大哭起来。

无奈之下,我轻轻地拍着女儿的背,说出她心中渴望听到的答案:"在这个世界上,多爱是最棒的。没有人能比多爱画得更好。"

听到这话,女儿的情绪总算慢慢平复下来。可是,我却因为觉得给其他孩子和家长带来了困扰而感到非常抱歉。

我知道,孩子在这个年龄段对妈妈的肯定有着极高的渴望,对她来说,妈妈的肯定就等同于妈妈的爱。可是,我既不想每天都过度地赞美孩子,又不想伤害她的自尊心。这真的让我感到非常苦恼。

丁玖琼教授的建议:

不论孩子做得如何,只要他们能够享受过程,积极参与并付出努力,那就足够了。然而,多爱似乎对妈妈的话语特别敏感,她十分渴望得到妈妈的认可和爱。她希望在妈妈眼中自己是最出色的,希望妈妈最爱她,这也是所有孩子的共同心愿。

如果多爱内心深处始终坚信"妈妈是爱我的",那么她就不会对妈妈的肯定或批评反应如此敏感,也不会那么容易情绪失控。你可以尝试这样告诉她:"妈妈肯定其他孩子,并不意味着妈妈更爱他们,也不代表妈妈不爱你。妈妈对你的爱从未改变。希望你能明白这一点。"

现在的多爱非常需要听到这样的话语。真诚的肯定是建立在爱和信任的基础上的，而为了安抚孩子的肯定可能会加剧孩子的不安。一次两次的沟通可能还不够，不要因此放弃。持续给予孩子信任和支持，她的内心将会变得更加强大，情绪也会更加稳定。

面对爱撒娇的孩子,如何在批评与肯定间寻求平衡

我家孩子天性活泼好动,学习时常常心不在焉,因此没少挨批评。然而,尽管我们反复纠正,他的行为却未见明显改观。我开始怀疑自己的教育方法出了问题。

尽管是个男孩,我们家的孩子却特别善于撒娇。他似乎觉得,通过这种方式可以化解所有困境。每当我们批评他时,他就会用撒娇来尝试逃避。

举个例子,当我们指出他的不当行为,并告诉他不要再犯时,他会立刻扑进我的怀里,承诺再也不会那样做,并恳求我给他一次机会。面对这样的情景,我若继续责备他,似乎就显得有些不近人情了,因此常常会不自觉地态度变得温和,而孩子则会趁机说一些好听的话来哄我:"妈妈,你生气的时候我好害怕。别再生气了,好吗?妈妈笑起来的样子最美了。"

听到他这样说,我心中的怒火往往会不知不觉地消散。于是

又怀抱着他，再次露出笑容。

　　有时，孩子会闹情绪，拒绝做某些事情，让我非常生气。但是，当我忙完家务，坐在沙发上拍打自己的胳膊和腿时，他会立刻跑过来，为我揉捏胳膊和腿、按摩肩膀。这个时候，我真的非常感动，觉得他非常可爱，忍不住要肯定他。尽管他之前那些不听话的举动还历历在目，但现在这么体贴，我还是忍不住要肯定他。

　　孩子就是这样反复无常，一会儿让我生气，一会儿又像贴心的小棉袄。每次我要责备他的时候，他就会用撒娇来化解紧张的气氛，然而之后又会重复同样的错误行为。我真的很想知道，我家孩子到底是一种什么心理？另外，每当孩子表现出可爱的一面时，我总会忍不住肯定他，而之前的不好表现似乎就被我抛在了脑后，这样做会对孩子产生怎样的影响呢？

丁玘琼教授的建议：

　　孩子确实很可爱，而且情感表达十分自如。尽管如此，父母肯定希望他能更加坚强，在面对批评时不退缩。撒娇或许是他的一种自我保护方式，当他觉得难以正视自己的错误或承担责任时，他便会采取这种儿时的策略。

　　因此，父母需要把握教育的重心。当孩子犯错时，父母务必明确指出。这并不意味着会抹杀孩子可爱、温柔的天性。如果孩子能虚心接受批评，下定决心改正，并付诸实践，那么同样值得我们的肯定。

喜欢撒娇的孩子受到责备，往往会立刻扑进父母的怀抱，试图平复父母的情绪。在这种情境下，父母首先要做的就是让孩子离开自己的怀抱。当然，不要猛地推开，以免惊吓到他们。然后，父母可以紧握住他们的手，与他们进行眼神交流。关键是一定要明确指出孩子的错误，并引导他们加以改正。随后，父母可以慷慨地表达对孩子的爱，让孩子明白，无论如何，父母的爱都不会改变。

老大总是偷偷欺负老二，在我面前会装作对弟弟好，怎么办

最近，我发现大儿子在我面前对弟弟照顾有加，背后却偷偷欺负和折磨弟弟。每次我无意间发现他这样做，而他也察觉到我的目光时，他会立刻转变态度，装出对弟弟呵护备至的样子。这时候他望向我的双眼中总是流露出渴望得到肯定的神情。看着他为了赢得我的肯定而努力，我心中不禁涌起一丝怜悯，于是经常会夸他一两句。

我也听说过，老二出生后，老大可能会有种父母被夺走的感觉，因而容易心怀不满。因此，看到大儿子的行为时，我总是狠不下心来严厉批评他。但我也明白，他只有我在场时才表现出对弟弟好，所以为此肯定他似乎也有些不妥。

我想知道，为什么孩子要在我面前假装对弟弟好呢？如果我在他真心对弟弟好时给予更多肯定，他会因此感到骄傲，进而改掉欺负弟弟的行为吗？

丁玧琼教授的建议：

欺负弟弟和说谎都是不可取的行为。老大可能因为感觉父母的爱被弟弟分走了，所以内心充满了想要独占父母的渴望。他很可能会持续这样的行为，直到重新获得父母像以前那样的认可和爱护。

在此期间，父母不能仅仅在孩子表现出令自己满意的行为时才关注他们，否则孩子的不良行为将无法得到纠正。当孩子做出好的行为时，父母当然应该给予赞扬；但当他们行为不当时，父母也需要妥善处理他们的情感，并引导他们做出正确的行为。

例如，这位妈妈可以问："儿子，你是不是推了弟弟？"以此引导孩子反思自己的错误行为。同时，也可以说："儿子，你和弟弟在一起时，弟弟哭了。你知道他为什么哭得这么伤心吗？如果是你推了他，希望你能诚实地告诉我，没关系的。"然后静待孩子的诚实回应。听完孩子的回答后，虽然可以选择不再深究，但可以进一步表达："妈妈知道，有时候弟弟可能会让你感到烦躁，你对他有这种感觉也是可以理解的。但是，对妈妈撒谎是更让妈妈伤心的。如果你觉得弟弟让你难受，可以随时告诉妈妈，好吗？"这样的沟通方式传达的信息是：无论何时产生负面情绪，都可以与妈妈进行对话和分享。这就为孩子留下了倾诉的空间，降低了他独自承受负面情绪的可能性。

孩子不爱学习，行为散漫，毫无可肯定之处

我的孩子目前的表现确实是一塌糊涂。他做事缺乏主动性，对什么都提不起兴趣，也不愿意投入精力。即使在我催促下勉强去做，也总是敷衍了事，还经常惹出一些麻烦。

比如，我让他做练习题，他光是准备就要花一个小时，然后只用两三分钟做一两道题，就不想继续了。如果我要求他做完，他就会胡乱写一通，然后迅速合上书本，告诉我做完了。检查他的答案，我发现错误百出，于是对照着正确答案，耐心地一一指出他的错误，希望他能够改正。结果，他不但不接受我的指导，还会反驳说："脑子笨难道是我的错吗？学习不好能全怪我吗？"他的考试成绩在班里总是垫底，作业也做得一塌糊涂。作为家长，我都不好意思面对老师。

他行为比较散漫，还常带有攻击性，总喜欢玩那些让人提心吊胆的危险游戏，还会时不时地欺负其他孩子。每当他和其他孩

子在一起玩，周围的妈妈们都会担心自己的孩子受伤，纷纷警惕地注视着他，都提醒自己的孩子离他远点。我看在眼里，气不打一处来，为此也没少批评他。

在学校，他也是心不在焉，根本静不下来学习，经常捣乱让周围同学都没法正常上课。有一次在数学课上，他因为干扰其他同学学习，直接被老师请出课堂了。

面对孩子这样的状况，我真的不知道还能肯定他什么。或许有人会说，即使找不到真正的亮点，也应该想个理由来鼓励一下孩子。可是，我绞尽脑汁也实在找不出可以肯定的点。当然，如果他能在某些方面有所改进，或者展现出一些积极的态度，我一定会毫不吝啬地给予肯定。只是现在，他的表现确实让我看不到希望。

我家孩子唯一擅长的事情，恐怕就只有游戏了。肯定他游戏打得好？似乎也不太合适。如果他只在规定的时间里玩游戏，或许我还可以肯定一下他的自控力。问题是，他总是沉迷于游戏，以至于没时间做作业，晚睡晚起，上学迟到。这种情况下，别说是肯定了，想不生气都难。不是我不想肯定孩子，实在是他的表现让我太失望了。

丁玑琼教授的建议：

从你的描述来看，你在教育孩子的过程中可能经历过很多"受挫"的时刻。这种感受可能会演变为对孩子的愤怒，进一步加深你对孩子的失望。反过来想一想，在这种情况下，孩子的心情会是怎样的呢？他可能会想："我是一个没有任何肯定价值的人。"对于从来没有被肯定过的孩子，他的心情可能会比父母更加难受。他也许会自暴自弃地认为："我干什么都不行，就算努力也是白费。"

你反复表示自己的孩子没有任何值得肯定之处，这让我有些惊讶。事实上，肯定孩子的机会是一定存在的。从他们第一次迈出蹒跚的步伐，到第一次喊出"妈妈"，再到自己学会用筷子吃饭、自己穿衣服等，他们肯定也和别的孩子一样，经历过同样的成长过程。肯定孩子不应仅限于他们取得大成就、好成绩的时候。

你提到孩子擅长打游戏，其实这也是值得肯定的。有的父母在孩子按照规定时间玩游戏时仍会表现出不满，甚至不停地唠叨、劝阻；有的父母却能与孩子共同分享游戏的乐趣，给予他们肯定。我想，每个孩子都希望自己的父母是后者。通过积极与孩子探讨他们喜爱的游戏，不仅可以增强亲子关系，还能修复之前孩子可能受到的伤害。

你可以回想一下，自己初为人母时的那份期待，那时心中唯一的愿望肯定是希望孩子能够平安健康地降生。现在，孩子能够健康成长，并且顺利步入学校的大门，这一简单的事实已经值得我们深深地满足和感激了。

孩子的可爱让我忍不住频频夸赞，是否属于溺爱

我的儿子是一个很可爱的孩子，每当和他在一起时，我的目光总会不由自主地追随着他。丈夫也一样，每当和孩子在一起，他都会不住地夸孩子："宝贝真可爱！""宝贝最棒了！"

也许是因为家中只有这一个孩子，孩子在我眼里真是珍宝一般的存在。孩子即使是做了一件看似微不足道的事情，我也会由衷地为他感到骄傲，忍不住想要肯定他。比如，从幼儿园回家，孩子自己乖乖地脱掉袜子，这本来是理所当然的事情，但在我看来，孩子是如此懂事，于是我会毫不吝啬地对他加以表扬。他自己吃饭，我觉得他很棒；他自己玩玩具，我也觉得他很棒。

有时我也会反思，自己是否过于热衷于肯定孩子的每一件小事，以至于有些小题大做了？我知道过度夸张的赞美可能会对孩子产生负面影响，因此我一直努力克制自己。可每当看到孩子自然流露出的可爱与纯真，我又会情不自禁地想要肯定他。

平时我们夫妻两个经常夸奖孩子,也喜欢和孩子进行亲密的肢体接触。所以,孩子大概也知道自己很受人喜爱,每当我们没有满足他的要求时,他就会用"我再也不让你们亲我了"这句话来表达抗议。他似乎非常清楚,这对视自己如珍宝的爸爸妈妈来说是多么可怕的"威胁"。

而且,孩子渴望的不仅仅是父母的爱,他也希望周围的人都能对他情有独钟。最近在幼儿园里,当升入6岁班的孩子们与新老师相互问候时,我家孩子竟然问老师:"老师,你最喜欢我们中的哪一个?"

老师温和地回答说,她喜欢每一个孩子。此后,我的孩子总是一有机会就过去轻轻拉住老师的手,或是满含笑意地凝视着老师的眼睛,然后询问:"老师,我是我们当中最可爱的吧?"

我想知道,我对孩子的爱是否属于溺爱,对他的肯定是否过于频繁和过度?

丁玘琼教授的建议:

与前一个例子形成鲜明对比的是,这里的父母对孩子的每一个动作、每一句话都充满了疼爱,并以此为傲,同时毫不吝啬地表达了他们的爱意。在这样的环境中成长的孩子,充满了自豪和自信。我认为,孩子对自己持有积极的认知,这无疑是一件极其有益的事情。

也许妈妈担忧的是,当孩子意识到自己并非世界上最优秀的人时、当孩子无法从他人那里获得与父母相同的爱时、当孩子受到他人的冷酷指责和评价时,孩子是否会感到受挫?会不会无法接受这些现实?

我不知道是否存在这样的情况:妈妈即便看到孩子表现不佳,也选择肯定他做得好,或者仅仅肯定孩子的优点,而从未提及他的缺点。要知道,揭示孩子的缺点和不足,同样是父母职责中不可或缺的一部分。

父母就像是孩子的一面镜子,应与孩子共同面对各种困难和困境,帮助孩子认识并改善那些他不愿承认的缺陷。在父母的关爱与引导下,孩子即便感受到自身的不足,也会勇往直前,不断进步。

孩子反复展示同一成果，我很难持续赞美

我平时经常看育儿类书籍，深知肯定对孩子成长的重要性，也明白应该如何肯定孩子。因此，我一直努力将这些知识运用到实际生活中。现在看来，我的这些努力已经初见成效，两个孩子正在阳光、健康地长大。

每次夸完孩子，他们都会更加努力，同时也更加热衷于展示自己的新成果。问题是，当孩子们反复展示相同的东西时，我会不由自主地变得麻木和厌倦，这种情况下便很难再次对他们表达肯定。

最近，女儿在文化中心学习芭蕾，每周一次。每当她学会一个新的动作，她就会在一周的时间里无数次地在我面前展示。有时，由于忙碌或其他原因，我可能顾不上看她表演，只能口头上随意夸奖几句。这时，她就会特意来到我面前，再重复一遍刚才的动作。

几天前，因为反复看女儿做了好几次相同的动作，我感到有些厌烦，再加上生活中的其他压力和不快，我终于忍不住说出了不应该说的话："从现在开始，不要再在我面前跳芭蕾了！我都看过多少遍了？真的想跳给我看的话，等我有空了再说吧。"

女儿似乎有些羞愧，带着些许尴尬的笑容走进了卫生间。看着她那有些委屈的小背影，尽管我觉得有必要告诉她我的感受，可内心还是感到有些不是滋味。

我想知道，其他妈妈面对孩子反复展示相同的东西时，是一直给予肯定，还是像我一样感到困惑和苦恼呢？

丁玧琼教授的建议：

孩子反复展示相同的东西，父母确实很难每次都给予热情的肯定。我相信许多父母都有过类似的体会。但我们要认识到，这是孩子希望继续进步和寻求父母认可的表现。因此，尽管有时可能觉得重复，但父母仍应努力给予孩子适当的肯定。此外，你可能还有这样的顾虑，如果父母表现得过于冷漠或不关心，是不是会打击孩子的积极性，导致她彻底失去分享的欲望？

在生活忙碌或心情烦躁的时刻，我们恐怕很难始终给予孩子肯定和掌声。对此，你无须感到内疚。因为只有当肯定是发自内心的、真正想要表达赞赏之情的时候，肯定的效果才是最佳的。那种"我必须始终如一地肯定孩子"的观念，实际上并不是父母的义务。

不想肯定孩子是可以理解的，但重要的是不要对孩子发火或说出伤人的话。孩子的成长并不完全依赖于肯定的数量和频率，而是更多地取决于他们感受到的父母的认可和支持。因此，请用心与孩子沟通，他们比我们想象的要成熟得多。

例如，你可以尝试这样与孩子交流："妈妈现在还得工作，你自己练习好吗？"或者"妈妈现在很忙，不能看你跳舞，但我会在心里默默为你加油。"有时你也可以主动问她："今天有什么想展示给妈妈看的吗？"主动激发孩子的积极性。

过程很糟糕,结果却很优秀,该如何肯定

孩子上小学五年级了,但仍缺乏自理能力。每次去学校之前,我都需要为他一一准备所需物品和教材。作业多或临近考试的时候,他也沉迷于漫画书和电视,根本不知道着急。由于时间管理能力不足,无论是上学还是与朋友们一起玩,都需要我在一旁帮他安排。

他不擅长整理东西,自己的房间简直就是个"灾难现场"。东西乱扔一气,每次找东西都得浪费好多时间。我实在看不下去,只能过去帮他找,有时候能从房间的犄角旮旯里翻出来,但更离谱的是,有时候他书包里的东西都会找不到!看到他这样,我真是又气又急,只能不停地唠叨他。

不过,他的学习成绩很优异。通常来说,随着年级的升高,数学会变得越来越有难度,但他似乎并没有遇到太大的困难,几乎每次都考满分。英语也表现很出色,分数一直很理想。

过程很糟糕，结果却意外出色的孩子，我们是否需要给予肯定呢？

丁玎琼教授的建议：

尽管过程并不尽如人意，但结果出人意料地优秀，这样的孩子确实不多见。不过，我认为这类孩子很难长期保持卓越。或许孩子觉得只要考满分就万事大吉，这很可能是因为父母平时的言辞和态度潜移默化地使孩子过分关注评价目标，且无形中向他传递了这样的信息——考 100 分是最重要、最幸福的。

对于这样的孩子，即使他们取得了优异的成绩，父母也不应给予过度表扬。父母应表现得相对漠然，但应密切关注孩子偶尔展现的诚实行为，并毫不吝啬地给予肯定。

此外，父母必须立刻停止过度干预和安排孩子生活的做法。如果父母继续这样做而不加以纠正，无论采用何种方法，孩子的生活习惯都将停滞不前，无法得到改善。至关重要的是，父母要将孩子的事情与父母的事情明确区分开来，并在孩子自己做好自己的事情时，给予必要的关心和鼓励。

孩子什么都不做,没有过程,该怎么办呢

我的孩子已经小学三年级了,但她做事缺乏自主性和积极性,如果没有我的帮助,她什么都不愿做,包括整理书包和完成作业。最近,她在学校制作的作品没完成,带回家后哭哭啼啼说不想做了。没办法,我只能替她完成。

听说家长可以通过肯定过程来激励孩子,可孩子什么都不做,根本没有过程可言,我能怎么办呢?

另外,我很想知道,如何才能有效地激励孩子自主地去做事情呢?她对任何事物都缺乏兴趣和热情,这让我感到既沮丧,又心疼……

丁玧琼教授的建议:

无法自主开始某项任务的孩子,他们可能面临自我主导性不足、安全感缺失或胆小的问题。对于这类孩子,最重要的是为

他们提供勇气去迈出第一步,而不是过分关注他们能否完美完成任务。

作为父母,我们最好与孩子一起商量并制订计划。在制订计划之前,可以多听听孩子的想法,确保计划既符合实际,又符合他们的兴趣。有些孩子可能是因为自我主导性不足而难以开始做一件事情,而有些孩子则可能是因为计划难度太大而感到不知所措。

在这位妈妈的眼中,孩子可能看起来什么都不会做,但是如果切合实际考虑孩子的情况,我们会发现,每个孩子都有自己独特的闪光点和潜力,都有自己能够完成或者努力尝试的部分。

计划制订好之后,在正式执行之前,父母需要帮助孩子坚定信心。我们要让孩子明白,在执行计划的过程中,即使遇到困难也不能轻易放弃,要始终保持热情和毅力,按照计划坚持不懈地去实践。

不要忘了,计划本身也是一个过程。当孩子主动提出自己的计划时,我们可以说:"你这么用心呀!这个计划很不错!"对于那些缺乏执行力的孩子,我们可以温和地引导他们:"你希望妈妈怎么帮你呢?"这样可以帮助孩子思考并找到解决问题的方法。即使孩子不能独立完成任务,但只要他们能够思考如何寻求帮助、如何推进事情,这本身就是一种很好的锻炼。作为父母,我们可以做的就是接受孩子的请求,并肯定他们在思考过程中展现出的独立意识和创意。

孩子对美术活动完全没兴趣，该怎么鼓励呢

我们家孩子目前上幼儿园。她对美术活动完全没有兴趣，总是把材料弄得乱七八糟。每次拿到颜料，她就把所有的颜色都混合在一起，然后用毛笔蘸着颜料在素描本上随意涂抹。问题是这也持续不了多久，很快她就会失去兴趣，想要做其他的。给她橡皮泥，她也会把各种颜色混在一起，胡乱揉捏几下就随手扔掉了。

不久前，我们家附近开了一家美术学院，听说那里以表演为中心的创意性美术活动非常受欢迎，于是我和几位邻居妈妈一起预约了咨询，并申请了体验课。课堂上，其他孩子都与老师积极互动，玩得非常开心，不时爆发出阵阵大笑。然而，我家孩子却很蒙，最后她悄悄地走到我身边，央求着说想回家。

我看跟她同龄的孩子们在进行美术活动时，几乎都能创作出五彩斑斓的作品，只有我们家孩子对这项活动不感兴趣。美术活

动对孩子的创造力和情绪发展有着积极的影响，我真心希望孩子能从中找到快乐，为什么孩子一直无法理解我的期望和心愿呢？

丁玳琼教授的建议：

有些孩子不喜欢用心制作东西，这可能与他们的性格有关，比如不够细心，或者本身具有较高的不安感。此外，他们也可能对父母有不满情绪，或者对美术作品缺乏信心，觉得自己无法像其他孩子一样画得好，因此干脆选择放弃。

对于这样的孩子，即使他们做出的作品不太出色，我们也应该让他们充分体验到创作的喜悦。当孩子完成一项作品时，大人应该一起给予祝贺，以鼓励他们继续努力。

对于喜欢一次性将各种颜色混合在一起的孩子，建议父母一开始不要提供过多的颜色，只给他们一两种颜色进行尝试。然后，可以每次增加一种颜色，并让孩子逐渐感受到，只有当各种颜色协调地搭配在一起时，才能创作出美丽的作品。

孩子稍有不顺就易怒,我该怎么做

我们的大儿子在学习一样新事物的时候,如果不能迅速掌握,就会乱发脾气,甚至大哭。前几天他想学习跳绳,但跳了几次都跳不好,于是他一气之下将跳绳扔到一边,气呼呼地说自己不想跳了。

然而,如果给予他鼓励和支持,并辅助他进行练习,他会表现得非常努力。我觉得他有一定的挑战意识,只是在面临困难时会感受到巨大的压力。还有,一旦成功完成了任务,他又会暂时失去继续的动力。

但小儿子完全不这样。即使做错了、学不会,或者失败了,他也会一笑而过,然后再次挑战。我想,如果让大儿子和小儿子之间形成一种竞争关系,也许有助于他改掉不能承受失败和挫折的毛病。于是,我说:"弟弟都能做到的事情,哥哥为什么做不到?你怎么能输给弟弟呢?"这种刺激方法对孩子有帮助吗?

丁玧琼教授的建议：

这是典型的以评价为导向的孩子。这类孩子过分关注自我表现，认为只有成功才能证明自己的优秀，一旦遭遇失败，便会情绪失控，甚至大哭大闹。

这类孩子往往追求快速成功，对需要付出持续努力的事易产生抵触情绪。因此，最重要的是培养其学会享受学习过程的态度。

为此，当孩子从学校回家后，我们应避免直接询问："今天你学得最好的是什么呀？"以免让孩子过分关注自己的表现。相反，我们可以尝试问："今天你遇到的哪项任务最具挑战性？"当孩子分享他所遇到的困难时，我们可以进一步与他探讨他是如何克服这些困难的，以及他的解决策略。同时，如果孩子在学习过程中取得了进步或有出色的表现，我们应该给予积极的鼓励。

对于这类以评价为导向的孩子，一定不要将其与他人进行比较。与朋友或熟人进行比较的做法应尽量避免，这会增加孩子的心理压力，容易引发孩子的挫折感，使其受到伤害。所以，不建议拿他和弟弟做比较。父母应避免使用"让我们看看你做得怎样呀"这样的话语，以免给孩子带来心理负担。

父母可以鼓励孩子"想怎么做就怎么做，尽情享受过程吧"。生活中，父母可以通过一些温暖的对话，自然地引导孩子理解失败和困难在生活中的重要性，让孩子认识到，不经历失败和艰难的过程，难以实现真正的成功。

不管如何肯定，孩子都没有进步，我该怎么做呢

从孩子年幼的时候开始，我就一直不断地肯定他的付出与努力的过程。根据我所了解的育儿理论，这样的肯定理应激发孩子的积极性，促使他逐步取得进步。然而事实并非如此，我的孩子似乎一直在原地踏步，从幼年到现在，几乎没有什么明显的改变。他似乎对学习缺乏热情，对成绩也显得非常漠然。面对这样的困境，我实在感到束手无策。

丁玧琼教授的建议：

遇到这种苦恼的父母不在少数。在给予孩子肯定之前，我们有必要先深入了解孩子的长处和短处。

对于慢性子的孩子，即使我们不断肯定他们的努力，可能也难以看到显著的成果。这类孩子之所以表现出缓慢的特点，并非因为他们投入的学习时间长或具备耐心，而是因为，解决某些

问题本身就需要更长的时间。对他们而言，肯定他们的过程，在某种程度上可能等同于肯定他们的行动缓慢。因此，在这种情况下，更为有效的方法可能是在规定的时间内，针对他们完成的问题给予具体的肯定。

实际上，慢性子的孩子虽然在行动上比较迟缓，但他们同时也具备谨慎、细致和沉稳的优点。我女儿就是这样，她做事非常慢，穿个长筒袜都需要花费十几分钟。看到她做完一件事需要那么长时间，尽管结果常常是好的，我仍会因内心的焦虑而感到郁闷，甚至发脾气。但是，我知道强迫孩子加快节奏只会让她更加辛苦，所以，这并不是通过训斥就能解决的问题。

因此，请积极发现并肯定孩子的优点。例如，你可以说："看得出来，你为了这个决定花费了不少心思，你很了不起，这个决定很棒！"将肯定的重点放在孩子谨慎的做法上，这样他也会更容易意识到自己的问题。接着，你可以进一步引导："你觉得怎么做才能更好地与他人协调时间呢？"如果孩子给出自己的解决方案，你应该给予积极的鼓励。如果孩子能够按照计划逐步提高效率，你更要及时给予肯定。这样，孩子的时间管理能力就能逐渐得到提高。

性格温顺、善良的孩子，常常为了赢得父母的肯定而不遗余力。有时他们明明心思不在学习上，也会长时间地坐在书桌前，有时会毫无意义地重复一些无效的努力。父母在肯定孩子的努力和过程时,需要保持审慎的态度,不能仅仅因为孩子表现出认真的样子,就断定他们的过程充实,也不能仅仅因为孩子做了大量习题,就认为他们非常努力。只有那些为了达成目标而进行有效努力的过程,才值得我们的肯定。

在肯定孩子的过程时,我们首先需要了解他们的性格特征、能力水平及当前的兴趣和目标。掌握这些信息后,才能制订出符合孩子实际情况的计划,并确定如何有效地进行指导和支持。当孩子按照计划取得较好的进展时,我们应该及时肯定他们的过程和努力,这样才能取得更好的效果。

孩子特别容易害羞，父母如何做比较好

容易害羞的孩子通常更为敏感细腻，他们对于他人的评价极为在意，容易陷入紧张与恐惧的情绪。

这类孩子非常渴望得到他人的认可和肯定，但是，对于过于突然、夸张或强烈的肯定，他们可能会感到不适。因此，在肯定这样的孩子时，我们需要特别谨慎，既不能过于夸张，也不要在他人在场时表现得过于热烈，最好的方式是细心观察孩子做得好的地方，然后以平和的语气慢慢表达出来。

特别重要的是，我们应当与孩子产生情感共鸣，对他们的成绩表示祝贺，这往往会取得显著的效果。例如，我们可以这样表达："刚才的场合很容易让人紧张，但看到你勇敢地站出来发言，我觉得你真的非常了不起。""你的美术作品很触动人心，我发现大家看后都很受感动。"这样的肯定方式，对于容易对外界评价敏感的孩子来说，能够给予他们勇气和鼓励。

这类孩子身上其实有很多优点。虽然他们可能较为内向，但这也使得他们懂得独处，同时也减少了在家中制造麻烦的可能性。从父母的角度来看，尽管他们有时过于沉默寡言，但这样的性格往往能受到老师的高度评价。父母应当积极肯定孩子为克服羞怯所付出的努力，同时也不应忽视他们害羞特质中的积极方面。例如，我们可以这样赞扬他们："在那个时候，其他孩子都怕得不得了，只有你能够保持冷静，仔细观察情况。"这样强调孩子害羞性格中的优点，以鼓励他们。

孩子注意力易分散、行为夸张，父母该怎么应对

注意力易分散、行为夸张的孩子常常面临的问题是，他们受到的批评远多于称赞，这使他们更容易陷入自卑和抑郁的情绪。许多被诊断为注意缺陷多动障碍（ADHD）的孩子都有不同程度的抑郁症。然而，这些孩子通常具有高度的同情心和关心他人的特质，非常乐于助人。同时，他们更需要他人的关爱和认可，以获取更多心灵上的支持和安慰。

事实上，这类孩子恰恰是最需要被肯定的。只要我们用心去观察，带着关爱和耐心，就能发现他们内心深处善良的意图，以及那些虽然微小但意义非凡的成绩。

我们可以真诚地感叹："原来你是想帮助老师啊，谢谢你！"或者，在引导他们完成任务时，先给予明确的指示："先帮我抓住那边，然后转过来，看，我们做到了！"当他们遵守规则时，我们更要及时给予肯定。同时，当孩子能静下心来整理自己的

想法时，我们也要及时给予肯定："你把刚才的办法重新梳理了一遍，这次容易多了！"或者"你记住了这么多步骤，真是太不容易了！"让孩子感受到内心的满足和喜悦，是对他们最珍贵的肯定。

最后，对于鲜少获得认可的孩子，父母可以深情地表达："孩子，爸爸妈妈爱你！""谢谢你！""我们为你感到骄傲！""看到你的进步，我们非常高兴！"这些话语虽然都很笼统，却饱含了深深的爱意和认可，对于这类孩子来说，很多时候是一种极为有效的心灵慰藉和鼓励。

孩子性格固执，父母应该如何引导

固执的孩子往往表现出明确的个人偏好和强烈的自我主张，他们一旦内心不满，便会展现出激烈的抵抗。他们可能是最难以适应社会的一类孩子，即便是深爱他们的父母，有时也难以应对他们的固执和激烈反应。这类孩子进入社会后会遇到哪些困难，也就不难预见了。

但是，这类孩子也有很多优点。例如，他们对于自己想做的事情意志坚定，一旦确定目标，便会展现出极高的专注力。因此，父母需要耐心等待并尊重他们所做出的选择。父母不要试图控制或强迫孩子做出选择，即使对孩子的选择不满意，也要鼓励他们勇敢尝试。即使孩子选择的结果未能达到父母的期望，父母也应让他们亲自体验并从中汲取经验教训。

在此过程中，你会发现许多值得肯定的地方。你可以对孩子说："这么难的事情你都敢于挑战！""你的选择很有个性！""下次你还想尝试什么呢？""原来你喜欢这种方式啊！""你那么累，还能坚持到最后，大家都很佩服你！"

这样的肯定，不仅鼓励了孩子坚持到底、实现目标的耐心和韧性，更激发了他们勇敢挑战自我的精神。

有益的肯定 vs 有害的肯定

有益的肯定示范

对过程的肯定：

"这幅画画得很用心！"

"你很会整理东西！"

"多亏你准备得充分！"

"你竟然找到了解决这个问题的办法！"

"虽然这次的结果不理想，但你的初衷是好的！"

对过程的具体肯定：

"在演奏的过程中，你能及时改正错误，重新投入演出，我看在眼里，真的非常高兴！"

"这幅画的这部分用色真漂亮，很棒！"

"你的想法很不错,果然巧妙地渡过了难关!"

"上次这个部分做得不太好,这次完成得非常干净利落!"

"你不仅能够找出错误,还能正视自己的弱点,我感到非常欣喜和骄傲!"

对可控事物的肯定:

"你的努力没有白费,这次的表现非常棒!"

"光是这份坚持不懈的精神,就已经很了不起了!"

真实的心意传达:

"谢谢你能这么做!"

对过程和可控制事物的肯定:

"我本来以为这个很难,难得你这么有耐心,最后终于成功了!"

"这次的作品很令人惊喜,与上次相比,你的创造力和技巧都有了明显的提升!"

具体的肯定:

"你的方法很有效!"

"这幅画的颜色真漂亮!"

"你真的很擅长做这方面！"

"你非常善于倾听他人的意见！"

"你今天装扮得真漂亮！"

"衣服的颜色很适合你！"

"你很有主见！"

"你能注意到这些，真的很了不起！"

有害的肯定示范

泛泛而平庸的肯定：

"很好！"

"不错！"

"非常好！"

"你得奖了，真了不起！"

包含评价与比较信息的肯定：

"你比××做得好！"

"你比哥哥强！"

以父母为中心的肯定：

"妈妈希望看到的就是这个,我真高兴!"

"你看,多亏听了妈妈的话,结果很棒吧!"

"果然还是像妈妈说的要用好的颜料,这幅画看起来至少上了一个档次!"

"你擅长体育,这都是家族遗传!"

"你很聪明,因为像妈妈!"

夸张的肯定:

"××简直是我们家的毕加索!"

"刚才我们看了你的文章,你以后一定会成为托尔斯泰那样的作家!"

暗含嘲讽的肯定:

"这次考得不错,上次为什么考那么差呢?"

"以你的实力来看,能做到这样已经不错了!"

比起过程更注重结果的肯定:

"这次考得不错,上次为什么考那么差呢?"(是的,和前面那句一模一样。)

"既然成绩提高了,你说一个愿望吧!"

让孩子在意别人评价的肯定：

"我们把你得奖的事告诉大家吧！"

"爸爸（奶奶/爷爷）肯定会高兴的！"

一般的肯定：

"你是我们家的骄傲！"

让孩子产生负担的肯定：

"做得真棒！下次可以做得更好吧？"

"希望你以后能成为画家！"

"因为你学习好，所以妈妈非常喜欢你！"

画蛇添足的肯定：

"你的房间收拾得很干净，就是不知道能维持多久……"